传习录说什么

陕西新华出版 三秦出版社

周月亮 著

果麦文化 出品

我心光明，夫复何言。

目　录

《传习录》的问世　　　　　　　1

《传习录》的第一篇导读　　　　3

一　诚意功夫　　　　　　　　　8

二　格物致知功夫　　　　　　　11

三　精一功夫　　　　　　　　　14

四　立志功夫　　　　　　　　　25

五　心性功夫　　　　　　　　　34

六　省察存养功夫　　　　　　　42

七　主一守中功夫　　　　　　　47

八　动静体用功夫　　　　　　　53

九　虚灵不昧功夫　　　　　60

十　上达克己功夫　　　　　62

十一　常快活功夫　　　　　67

十二　知行合一功夫　　　　72

十三　致良知功夫　　　　　79

十四　寻道问功夫　　　　　103

十五　如何做功夫　　　　　119

附录　心学三字经　　　　　131

　　　心学三字经精讲　　　138

《传习录》的问世

1512年，王阳明四十一岁，与徒弟徐爱同船南下回山阴。路途漫长，又断绝了与俗世俗务的联系，他获得了空前的从容与宁静，深入地讲论了一个多月。讲论内容由徐爱集中记录整理，于是天壤之间有了《传习录》上卷。后人眼中的王阳明，被誉为"百世之师"的王阳明，基本就是《传习录》中的王阳明。

1518年，王阳明四十七岁。这年八月，他的学生薛侃在赣州刊行了老师的语录——《传习录》。这本《传习录》只是今天《传习录》的上卷，而《传习录》中卷是1524年阳明五十三岁时，门人南大吉刊行的阳明论学的书信。《传习录》下卷，则是在阳明死后，钱德洪等纂辑许多学生保留的记录而成，未经阳明审定，所以显得有些乱。

《传习录》的刊刻流通，以及阳明的功绩，都为阳明学做了"广告"。阳明学酷似十九世纪末二十世纪初的鲁道夫·奥伊肯（Rudolf Eucken）的观点。

奥伊肯认为，人是自然与精神的汇合点，人的义务和特权便是以积极的态度不断追求精神生活。精神生活是内在的，它不是植根于外部世界，而是植根于人的心灵；但它又是独立的，它超越主

1

观的个体，可以接触到宇宙的广袤和真理（良知）。人应该以行动追求绝对的真、善、美，追求自由自主的人格（知行合一）；只有当人格发展时，才能达到独立的精神生活。精神生活绝不会是最终的成就，因为它始终是个随历史而发展的过程。历史的发展就是精神生活的具体化，是它由分散孤立到内在统一的发展史。精神生活的本质就是超越自身，超出自然与理智的对立，达到二者的统一，达到与大全的一致（致良知）。精神生活是最真实的实在。它既是主体自我的生活，又是客体宇宙的生活。精神生活乃是真理本身（心即理），它在个体身上的展现是有层次的，不同的层次便是不同的境界。人应该以自己的全部机能，不仅以理智，更需要以意志和直觉的努力，能动地追求更高的精神水平（做功夫），如此才能拥有生活的真正意义与价值。（《生活的意义与价值》，万以序，上海译文出版社，1997）

就用这段话做《传习录》的提要吧。

《传习录》的第一篇导读

徐爱是王阳明的妹夫，是同学和后学公认的入门最早、得王学之真之正的第一大弟子。阳明从监狱里出来他就磕头拜师了，阳明称他为自己的颜回，既因徐爱最得其学之真谛，也因徐爱年仅三十一岁就死了。温和恭敬的徐爱是阳明的助教，负责回答同学的疑问、接引刚入门的新生，同学们说他性机敏、悟性高，能很好地讲述先生的意旨。

同门弟子相互切磋的时候比请教先生的时候多，同门是一个圈子，有个共同的情感场。心学重血脉骨髓上的功夫体认，不重解释字词文句，徐爱随侍阳明十余年才留下这么几则语录，完全是为了让后学有个进门的抓手。他说"私以示夫同志"，表示这是他私下里做的，因为阳明怕自己的话脱离语境后被误解。徐爱在《传习录序》的开头说：

> 门人有私录阳明先生之言者。先生闻之，谓之曰："圣人教人，如医用药，皆因病立方，酌其虚实温凉阴阳内外而时时加减之，要在去病，初无定说。若拘执一方，鲜不杀人矣。今某与诸君不过各就偏蔽箴切砥砺，

但能改化，即吾言已为赘疣（zhuì yóu）。若遂守为成训，他日误己误人，某之罪过，可复追赎乎！"

学生一旦改化，老师的话就是多余的。在王阳明这里，没有"统编教材"，也没有普适的"万能散"，他是一对一现场调教，当机指点、因病立方，如果仅拘泥于一种药方，便与杀人无异。这是修身之学的本质特征，也是王阳明不事著述的原因。他不注重知识的增长，而注重身心在明善、反身而诚上的提高。

学生的进步在"改化"，心学是改化自我、将学习落实到身心的内圣之学。心学教育重提升心灵，像教唱歌、武术似的，必须现场调教，任何"成训"都会滑向标准答案式教育，变成格式化的教条主义。只有用心学方法才能学到心学。

徐爱记录的这一部分主要是王阳明对《大学》的讲解。阳明讲《大学》是为了纠正朱熹的格物优先论，以破科场理学积弊。阳明选择的《大学》是汉代郑玄整理的，徐爱称其为"旧本"，阳明称其为"古本"，说古本有权威性，似能建立信任感。《传习录·徐爱序》全文如下：

先生于《大学》"格物"诸说，悉以旧本为正，盖先儒（指二程及朱熹）所谓误本者也。爱始闻而骇，既而疑，已而殚精竭思，参互错纵（比对朱注），以质（求教）于先生，然后知先生之说若水之寒，若火之热，断断乎"百世以俟圣人而不惑"（语出《中庸》）者也。先生明睿天授，然和乐坦易，不事边幅。人见其少时豪迈不羁，

又尝泛滥于词章（一度热衷文学创作），出入二氏（道教、佛教）之学，骤闻是说，皆目以为立异好奇，漫不省究。不知先生居夷三载（正德三年至正德五年，1508—1510年），处困养静（龙场悟道），精一之功（明心见性）固已超入圣域，粹然大中至正（中庸境界）之归矣。

爱朝夕炙门下，但见先生之道，即之若易而仰之愈高，见之若粗而探之愈精，就之若近而造之愈益无穷，十余年来竟未能窥其藩篱。世之君子，或与先生仅交一面，或犹未闻其謦欬（qǐng kài），或先怀忽易愤激之心，而遽欲于立谈之间，传闻之说，臆断悬度，如之何其可得也？从游之士，闻先生之教，往往得一而遗二。见其牝（pìn）牡骊黄（只关注马的性别和毛色）而弃其所谓千里（马）者。故爱备录平日之所闻，私以示夫同志，相与考而正之，庶无负先生之教云。

门人徐爱书。

这是《传习录》的第一篇导读，也是第一手的权威资料。徐爱现身说法，叙述自己对先生始骇、中疑、终信为圣学嫡传的过程，赞扬先生的学说已臻"大中至正"的化境。大，才周遍不失；中，是天理本身；大中了，当然是至善正心的境界。化，是境界也是方法：不但能够物来顺应，而且能够"大而化之"——顺着对象让它扩充善性而变化。而这一切都须从"正意"开始，才能达到最正确的效果。

作为现身说法的一部分，徐爱报告了王学遭受误解、妄评、

不求甚解的状况和原因：因为阳明太平易近人，没有道学家的大架子，人们便不觉得他的学说有多么了不起，此其一；其二，阳明少好武侠，又是个入了文人圈子的文学家，又修习道教，又修习佛法，不是个标准道学先生，所以，人们以为他对《大学》的解释及其心学不过是标新立异的瞎折腾，没有当回事的必要；其三，基本不了解阳明的人却臆断瞎猜他；第四，即使想跟从阳明学习的人也往往"得一而遗二"，得了表面的皮毛印象而丢弃了学说的精华、实质。徐爱为了光大正学、纠正误解才刊载这真声正音。

徐爱对阳明道行的感受就像颜回对孔子的体悟：仰之弥高，钻之弥坚，越深入学习越觉得意趣无穷。徐爱觉得自己还没有看到阳明学的门槛，他希望自己记录下来的"平日之所闻"能够让同学们进入阳明学的门里来。朱子这样解释"传习"二字："传，谓受之于师；习，谓熟之于己。"（《论语集注》卷一）

阳明讲学是艺术化的、反射性的，有些意思也许一闪之后好几年再出现，是否再出现也取决于学生找得深不深、状态契合不契合。阳明讲学也是性情化的，会突然出现令自己也兴奋的其他意思。他完全是跟着感觉走，悟到什么就讲什么。

徐爱在自己记录的那一部分结束时写了一个小跋，这样总结老师的思想和教诲的魔力：

> 爱因旧说汩没，始闻先生之教，实是骇愕不定，无入头处。其后闻之既久，渐知反身实践，然后始信先生之学为孔门嫡传，舍是皆傍蹊小径、断港绝河矣！如说格物是诚意的工夫，明善是诚身的工夫，穷理是尽性的

工夫，道问学是尊德性的工夫，博文是约礼的工夫，惟
精是惟一的工夫，诸如此类，始皆落落难合，其后思之
既久，不觉手舞足蹈。

这些合起来就是个"正意"的功夫，一切的修为是为了能
够正知、正见、正思维。心学对今人的价值主要在功夫。《稽山
承语》载阳明语录："合着本体，方是工夫；做得工夫，方是本
体。""做得工夫，方见本体。""做工夫的便是本体。"这是说，后
天的训练合上了先天的心性才是功夫。如果合不上先天的心性，整
日穷忙叨，那就不是功夫，而是戕害本体的瞎糟践。同理，有先
天之本，无后天的功夫培养，就不能全其体。格物如果不落实到
"诚意"上便是逐物，明善没有落实到"诚身"上就是表演给别人
看的伪善。徐爱讲的这几个功夫把老师讲的功夫细化了，说白了就
是所有的外在努力都得化成内在的进步，这才叫知行合一、功夫上
身了。

上了身的才是功夫，否则只是纸上谈兵。功夫是实践出来
的，不是说出来的。做功夫是修行中的行话，其中的关键是体
验、体会、体悟等"反身实践"。阳明常问学生"体验如何"，常说
"体来与听讲不同"。从功夫入手才能把阳明心学变成我们每个人
自己的心学。在心学看来，如果不能返回自身，整日追逐闻见之知
就是玩物丧志，就是舍本逐末，就是放心于外物而遗失了真我。

一　诚意功夫

　　薛侃所刻的《传习录》主题若要一口说尽，就是：“《大学》工夫即是明明德；明明德只是个诚意；诚意的工夫只是格物致知……诚意之极便是至善。”它针对的是朱子新本《大学》先去穷格事物之理，莽莽荡荡，无着落处，还要添加个“敬”字才能牵扯到身心上来。这是朱子新本先格物后诚意的大弱点。而圣人的古本原定的次序就是诚意在格物前，不须添一“敬”字，以诚意为起点，就返本复原了。

　　这倒真不是什么文字游戏，而是一个基本立场问题，也是一个体系的逻辑原点的设定问题。何者为先，关系到全部努力的方向和结局。按心学说法，以格物为先，就会追逐外物，步入支离之境，生有涯而知无涯，心劳力拙，越努力离大道越远，因为起脚就走上了歪门邪道（科学主义、工具理性正是这条路）。而王阳明以诚意为起点，则一上道就在意义轨道上，每活一天都是在为自己“心”的意义最大化而做功夫，当然可以在诚意的率领下去格物致知，并不反对一般的格物，只是给格物一个明确的为善去恶的方向。而所谓的诚意也就是为善去恶。

　　这叫作“德有本而学有要”。不得其本，不得其要，高者虚

无、卑者支离，而本、要都在求本心。心外无事，心外无理，故心外无学。阳明的这些思想也不是空穴来风，这只是他此前诸如此类倾向的极简总结。

早在英宗正统年间，薛瑄、吴与弼等理学家就开始反对"述朱"式的思想牢笼，强调从"整理心下"入手，重振儒学躬行实践的传统。至成化、弘治年间，为"救治"士林及整个社会的道德沦丧，理学家胡居仁提出"以主忠信为先，以求放心为要"的"心与理一"学说（《明史》卷二八二），目的在于"正人心"，反对朱子的"即物穷理"论。他的基本观点是"心理不相离，心存则理自在，心放则理亦失"（《居业录》）。明代心学开篇者陈献章主张轻书重思，"学贵自得"，认为靠书本找心是永远也找不到的。只有找到了我心之后，再博之以典籍，那时则典籍之言，我之言也；否则典籍自典籍，我自我。这是王阳明的先声。

阳明推倒了朱子的"知先行后"，强调"格心"而非"格物"的道德修养功夫，主张教育的目的不在学习之后，而在学习过程之中，目的和过程均在"知行合一"中完成。德行和知识是内在统一的。不诚无物，诚则能成己成物。

王阳明在《大学古本序》中说："《大学》之要，诚意而已矣。"而朱子的新本弄成了以"格物"为主题，所以是支离。但是也不能单讲诚意而不格物，那是蹈虚；不追求致本体之知，那就是误妄。阳明要弘扬的理路是这样的：心体一旦发动，不能无善，于善念上用功，才是诚意。这与佛教净土宗的法门吻合，净土宗的诀窍在于一起念头就会念"阿弥陀佛"。这叫作不怕念起，就怕觉迟。王阳明说过："欲正其心在诚意。工夫到诚意，始有着落处。"

（《传习录》第317条）"正心是未发边，心正则中。"（《传习录》第88条）正心是诚意功夫所达到的境界，即"未发之中"的境界。那么，如何"诚意"呢？阳明认为需"致知"（不久他便明确提出"致良知"），知一念善便"去好善"，知一念恶便"去恶恶"，致知功夫落在"为善去恶"上，他又说过"为善去恶"就是格物。这个本是一贯的正心、诚意、致知、格物，就是"大学之道"。

关于格物、诚意何者优先，好像一场恋爱辩论：有人主张爱为先，有了爱就能理解一切；有人主张理解优先，没有理解就没有爱。阳明主张爱优先，真诚最金贵。表面看像是认识论争辩，其实是生命风格的路径选择。就像理学家跟汉学家相比，理学家是诗人，汉学家是学者一样，心学家的诗性追求又把理学家比成了学究、自我夸耀的道学家。阳明是生命的体悟，朱子是概念的解析。阳明培养的是能见，朱子阐释是所见。所以徐爱听了阳明的话就觉得"功夫有用力处"。

阳明的"意"除了认识上的意识，更主要是行为上的。一念发动便是行了。阳明平实，王学后徒便努力跑偏求深，不安于在意识上下功夫，而去拘泥于"意根"，这个意根是佛教概念，其实是执着于外相的唯我论了。阳明没有着相。

二 格物致知功夫

先生又曰："格物如《孟子》'大人格君心'之'格'，是去其心之不正，以全其本体之正。但意念所在，即要去其不正以全其正，即无时无处不是存天理，即是穷理。天理即是'明德'，穷理即是'明明德'。"（《传习录》第7条）

诚意功夫是意念功夫，在意念上做功夫是心学的奥秘。而"格"就是"正"，格物的过程是正心的过程，所以格物是诚意的功夫。孟子说"惟大人为能格君心之非"（《孟子·离娄上》），程颢说"正己以格物"（《近思录》），这是主体哲学的逻辑。阳明沿着这条进路继而言之："天理即是明德。"把朱熹的穷理扭到了存天理上。

阳明的格物就是处理人情世故都以天理为准，时时处处运用天理就是明德。康德说一切事物运用理性就是启蒙，也是这个道理。穷理在朱熹那里是掌握理性的意思，阳明把它说成运用理性。阳明要表达的是康德式的"道德意志自律"。在人欲和天理之间是理性。道德是以感情为基础的，感情是人欲的主要部分，既要道德，又要去人欲，的确有个正不正的问题。

阳明的学生王艮说："'格物致知'四字本旨，二千年来未有定论矣。"他认为"格，如格式之格，即絜（xié）矩之谓"。"絜矩"，意为度量。他说："吾身是个矩，天下国家是个方。絜矩，则知方之不正，由矩之不正也。"这就是说"身是本，天下国家是末"，"格物"必先"正己"，"本治而末治，正己而物正"。（《明儒学案》）钱穆一生推扬朱子，却还是觉得心学有内力，便来了个折中，提出了"格心"。

李仲轩口述的《逝去的武林》"大道如青天"一节很好地展现了诚意格物的道理和境界：

> 形意拳古有"入象"之说。入象，便是化脑子。到时候，各种感觉都会有的。碰着什么，就出什么功夫，见识了这个东西，你就有了这个东西……那时候出拳就不是出拳了，觉得两臂下的空气能托着胳膊前进，没有了肌肉感；两个胯骨头，能牵动天地；一溜达，万事万物乖乖地跟着……

不妨这样理解，阳明说的诚意就是形意拳的化脑子，格物就是入象。

> 又曰："知是心之本体，心自然会知：见父自然知孝，见兄自然知弟，见孺子入井自然知恻隐，此便是良知，不假外求。若良知之发，更无私意障碍，即所谓'充其恻隐之心，而仁不可胜用矣'。然在常人不能无私

意障碍，所以须用致知格物之功胜私复理。即心之良知
更无障碍，得以充塞流行，便是致其知。知致则意诚。"

（《传习录》第8条）

这段语录的重点，一是良知一发，便没有私意障碍了；二是
必须用致知格物之功来实现意诚。

阳明没有在一般的意义上反对格物致知，只是在知有先后的
顺序上强调诚意优先。阳明自然知道空落落地讲诚意不是实际功
夫，必须在致知格物的过程中往里找，找到心体。意诚了，有了正
确的出发点，再来致知格物。

致知就是实现本知、落实心体之良知于事事物物。譬如：
恻隐之心充沛，人就能充实无欲，无害人之心。这样，仁就用不
完了。阳明又倒过来说：当然，常人不能没有私意障碍，怎么办
呢，只有克己复礼，"狠斗私字一闪念"，这才是致知格物的真
功夫，这样心的良知就焕发出来了，把良知焕发出来才是致其知
呢。这种致知当然就意诚了。最后意的方向回到心体去正心，使得
心体更加精一，从而保证所发之意更加合乎天理。

也就是说，在心与物的空间关系背后还有更深层的意向性。
不管是意还是物都不是自始至终、现成固定的，而是不断处于生
成变化的状态中。"知致则意诚"等于把朱子的格物致知论拉回
到诚意的轨道，表明阳明承认致知的重要性，重要的是意诚的工
作，意不能凭空诚，意是在致知中诚的。这个循环不是无效的循环
论证，而是功夫的周天运演，意识导引术从心体出发，又回到心
体。这是阳明的方法论。

三 精一功夫

爱问："昨闻先生'止至善'之教，已觉功夫有用力处。但与朱子'格物'之训，思之终不能合。"

先生曰："格物是止至善之功，既知至善，即知格物矣。"

爱曰："昨以先生之教推之格物之说，似亦见得大略。但朱子之训，其于《书》之'精一'，《论语》之'博约'，《孟子》之'尽心知性'，皆有所证据，以是未能释然。"

先生曰："子夏笃信圣人，曾子反求诸己。笃信固亦是，然不如反求之切。今既不得于心，安可狃（niǔ）于旧闻，不求是当？就如朱子，亦尊信程子，至其不得于心处，亦何尝苟从？'精一''博约''尽心'本自与吾说吻合，但未之思耳。朱子格物之训，未免牵合附会，非其本旨。精是一之功，博是约之功。曰仁既明知行合一之说，此可一言而喻。尽心、知性、知天，是生知安行事；存心、养性、事天，是学知利行事；夭寿不贰，修身以俟，是困知勉行事。朱子错训'格物'，只为倒看了此意，以'尽心知性'为'物格知至'，要初学便去做生

知安行事。如何做得？"

爱问："'尽心知性'，何以为'生知安行'？"

先生曰："性是心之体，天是性之原，尽心即是尽性。'惟天下至诚为能尽其性，知天地之化育。'存心者，心有未尽也。知天，如知州、知县之知，是自己分上事，己与天为一；事天，如子之事父，臣之事君，须是恭敬奉承，然后能无失，尚与天为二，此便是圣贤之别。至于'夭寿不贰其心'，乃是教学者一心为善，不可以穷通夭寿之故，便把为善的心变动了，只去修身以俟命；见得穷通寿夭有个命在，我亦不必以此动心。事天虽与天为二，已自见得个天在面前；俟命便是未曾见面，在此等候相似：此便是初学立心之始，有个困勉的意在。今却倒做了，所以使学者无下手处。"

爱曰："昨闻先生之教，亦影影见得功夫须是如此，今闻此说，益无可疑。爱昨晓思格物的'物'字即是'事'字，皆从心上说。"

先生曰："然。身之主宰便是心，心之所发便是意，意之本体便是知，意之所在便是物。如意在于事亲，即事亲便是一物；意在于事君，即事君便是一物；意在于仁民爱物，即仁民爱物便是一物；意在于视听言动，即视听言动便是一物。所以某说无心外之理，无心外之物。《中庸》言'不诚无物'，《大学》'明明德'之功，只是个诚意。诚意之功只是个格物。"（《传习录》第6条）

15

先说细小处，徐爱说的"功夫有用力处"是心里有了感觉。心学的学习方法主要是内感觉的精细修炼，从而提高直觉的质量。这种感悟式的参究又是亲证义理，因而需要学理支撑。阳明与朱子的讲解不一致，而且觉得朱子说得也有道理，徐爱便心里过不去，阳明的点拨艺术可以概括如下：一是求根本，"既知至善，即知格物矣"。二是求心安、求是当，不能狃于旧闻，不管是谁说的。三是戒"苟从"，朱子尊信程子，却也不苟从程子，我们应该学习朱子的不苟从精神，从而不苟从朱子。苟从则不能摆脱俗谛的桎梏，难以见真、难以心安是当。要学曾子反求诸己，别学子夏笃信圣人。如果笃信圣人却不苟从，也没有什么不对，只是不如反求诸己更能从心里长功夫。四是要善于思考："精一""博约""尽心"与我说的尽合，只是你没有恰当思考罢了。

所谓"精"是"一"之功，是说真才是理，精是求真，一了才达到理，具体地说："格物是止（于）至善之功"，因为格物不是目的，至善才是目的，一是纯一于善；"博"是"约"之功，也是在说"格物是止（于）至善之功"，因为博学不是目的，至善才是目的，约礼是克己复礼。颜回问仁，孔子答"克己复礼为仁"。也就是说，约礼是功夫本体一体化的仁。既然大学之道在止于至善，那么所有的修为、学习都是为了止于至善。格物、博学都是止于至善的功课，而任何功课都得从心头做。因此"至善只求诸心"。从外物求至善是逐物，是务外遗内。精是为了一，一于心，博是为了约，约于心，这，就是"尽心"。尽心了就真了，能够见真才能得理。阳明不胜惋惜地说：这些都是一以贯之的啊！你既然明白了知行合一的道理，这些都是不言而喻的了。

下面阳明用"生知安行"配"尽心、知性、知天",用"学知利行"配"存心、养性、事天"等等,是用《中庸》来解《孟子》。《中庸》第二十章:"或生而知之,或学而知之,或困而知之,及其知之,一也。或安而行之,或利而行之,或勉强而行之,及其成功,一也。"《孟子·尽心上》:"尽其心者,知其性也。知其性,则知天矣。存其心,养其性,所以事天也。夭寿不贰,修身以俟之,所以立命也。"

《中庸》说的是不管你资质怎么样,最后"知"了就一样了;不管你是自然还是勉强地去行动,最后"成功"了,就都是一样的。《孟子》说的是知天、事天,不管活得长短都修身,这就是"立命"了。阳明把它们搭接在一起:"尽心、知性、知天,是生知安行事;存心、养性、事天,是学知利行事;夭寿不贰,修身以俟,是困知勉行事。"尽心、知性、知天是彻上彻下的,就算困知勉行的人也照样可以抵达的境界,凡圣本性同一,不能人为地分等划片。这不是一时口误,他几乎一生都在这样说,如他最后一场讲学还是这个主题:圣人有生知安行的资质却还做困勉的功夫,我们这些只有困勉资质的人不能坐享其成!

此处阳明的意思很简单,就是不能让下等资质的人上手就奔着上等资质的境界。上等资质的人是所谓生知安行者,中等资质的人是所谓学而利行者,下等资质的人是所谓困而勉行者。一般人会有错觉,认为朱熹注重知识,属于支离派;阳明注重直觉,属于简易派,阳明应该是让初学者直奔生知安行的。其实不是,阳明的简易是反求诸心,心是一,外物是多,以一驾驭多,所以显得简易。其实这个更难、更需要苦修。因为要把心修到纯一无杂的境

界，比博学多闻难多了。

所谓"朱子错训'格物'，只为倒看了此意"，是指朱子在注解《孟子》这句话时说："以《大学》之序言之，知性则物格之谓，尽心则知至之谓也。"阳明把它简化为"以'尽心知性'为'物格知至'"。这不算歪曲，朱子的讲解也没有错误。但是阳明搭接了《中庸》的话，又引进了自己的解释：尽心、知性、知天的人，是第一等生知安行资质的人，存心、养性、事天是第二等学知利行资质的人，夭寿不贰其心、修身以俟命（等候命运安排）的是第三等困知勉行资质的人。物格知至不是谁想要就能够做到的，必须下刻苦磨砺诚意的功夫。所以朱子的问题便成了"要初学便去做生知安行事，如何做得"。

徐爱锐敏而朴实，觉得从"尽心知性"跳到"生知安行"是需要说明的，或者说把两个概念生硬地捏到一起是需要解释的。阳明先用圣贤成说重复了一遍"心、性、天"的关系，下面的回答是阳明的心得：存心者心尚未尽，事天者与天为二，这是贤人的境界。所谓心尚未尽，是还没有达到"知其性"的境界（"尽其心者，知其性也"），还需要做存养的功夫。因为未能知性便不能知天，所以还与天是二，而不是一，只有侍奉天的分儿。天，主要是"道"的意思，圣人的境界是知天。阳明用知县、知州的"知"来解释知天的"知"，是强调知的主宰功能，知县是知一县事，是主宰一个县的意思。"自己分上事"是说圣人的心性自由、自律，达到了道德意志自由的境界，自己可以做主了，与天为一了。

阳明要表达的是：广大初学立心的人既没有知天的境界，也没有事天的能力，还没有见过天的面，但是只要一心向善，知道"有

个命在等候我"，从而不动摇修行的意志，勉力前行，就可以找到下手处。这个困勉的意最金贵，人自己成全自己尤其需要苦其心志、劳其筋骨，越困难越磨砺自己，越困惑越勉励自己，这是意诚心正的端倪。朱子不从诚意说，就颠倒了顺序，使学者无下手处。

徐爱接下来提出的格物的"物"就是"事"，阳明很少直接赞许学生的理解，这次例外说了个"然"——然而现代学者牟宗三说用事定义物，狭了，因为还有江河湖海以及其他不是从心上来的物呢。这是一个心与自然的关系问题，身心与科学的关系问题。这些不在阳明的视域内，他还在美学范围，没有到科学世界。在美学范围里他的思想是积极的："身之主宰便是心，心之所发便是意，意之本体便是知，意之所在便是物。"这四句是他的贡献，人们称之为"四句理"，仔细参详虽然都用了"是"字，但不是抽象的定义句或判断句式，因为相关项都是活的，尤其是"意之所在便是物"更是意向性的。这一点以后还有机会细说。

阳明的意图是把身、心、知、意、物的关系引导到"意一诚就是理"这条轨道上来。在意和物的关系上，意是矛盾的主要方面，意决定事物的性质和变化的方向；物只是意之所在。意与物的关系是反射性关系，譬如心中无花，便眼中无花。因此才"不诚无物"，包括事亲、事君。真诚是做好任何事情的前提。

此篇语录的要点在"不诚无物"。诚意是初学的抓手、起脚的功夫，同时，格物的目的不是博学多闻，而是为了意诚心正。诚意是格物的出发点和归宿，格物是诚意的手段、训练过程，也是诚意的功课。同理，穷理是尽性的功课，道问学是尊德性的功课。总之，心学是内圣之学，学习、修炼的目的是"学为圣人"。

爱问："先生以博文为约礼功夫，深思之未能得。略请开示。"

先生曰："'礼'字即是'理'字。理之发见，可见者谓之文；文之隐微，不可见者谓之理：只是一物。约礼只是要此心纯是一个天理。要此心纯是天理，须就理之发见处用功。如发见于事亲时，就在事亲上学存此天理；发见于事君时，就在事君上学存此天理；发见于处富贵贫贱时，就在处富贵贫贱上学存此天理；发见于处患难夷狄时，就在处患难夷狄上学存此天理；至于作止语默，无处不然，随他发见处，即就那上面学个存天理。这便是博学之于文，便是约礼的功夫。'博文'即是'惟精'。'约礼'即是'惟一'。"（《传习录》第9条）

《论语·雍也》说："君子博学于文，约之以礼，亦可以弗畔矣夫。"阳明说博文是约礼的功夫，是相当于说格物是诚意的功夫、道问学是尊德性的功夫，就是把向外的学习转回到向内的修炼上，把放出去的心找回来，变成内功。说礼即理不是阳明的发明，理与文的关系是阳明的体会，文是表象，理是内质。文是理的已发，理是文的未发。未发的是心体，也就是性。"性在作用"虽是佛教的话，但很难说明问题。性不能修，只能"见性"，回归于性。阳明大约也是为了避免禅的污蔑，经常特意表明"这心之本体原只是个天理"。念念存天理是个在意念初起时正心诚意的功夫。从路径上说，"意之所在便是物"，心体一发用就是物，因此文、理（礼）"只是一物"。"须就理之发见处用功"是在理

表现的地方训练物来顺应的应对反应。在这个根节点上用功才有得力处。

所谓约礼就是非礼勿视、非礼勿听，就是戒惧慎独，使心之用合乎心之体，回到纯净无私的天理本色上来，此处用功就是"正念头"。下面提到的"富贵贫贱""患难夷狄"，语出《中庸》："素富贵，行乎富贵。素贫贱，行乎贫贱。素夷狄，行乎夷狄。素患难，行乎患难。君子无入而不自得焉。"要求君子无论身处什么境遇都素心不改，在任何发见处都"学个存天理"。博文是"事"讲究个"惟精"，约礼是"理"讲究个"惟一"。心学是这样一种精神现象学，它将世界聚焦于我心，遂将所有的问题变成了一个问题，任何一个问题就是所有的问题。没有表里、内外、上下，任何"一"都是具体而微、至大无外、至小无内的整体。

在阳明之前如此主张的人是陆九渊。陆九渊要求君子所有的努力都是一个"日跻于纯一之地"："先立乎其大者，立此者也；积善者，积此者也；集义者，集此者也"，一分钟都不能懈怠，而且益著益察，直到臻于"纯一之地"（《象山集》）。陆、王心学追求纯一其实是种宗教要求：垂直地向上超拔，而不是平面地铺开。

爱问："'道心常为一身之主，而人心每听命。'以先生精一之训推之，此语似有弊。"

先生曰："然。心一也，未杂于人谓之道心，杂以人伪谓之人心。人心之得其正者即道心，道心之失其正者即人心，初非有二心也。程子谓人心即人欲，道心即天理，语若分析而意实得之。今日道心为主而人心听

命，是二心也。天理、人欲不并立，安有天理为主，人欲又从而听命者？"（《传习录》第10条）

徐爱说有毛病的这句话又是朱熹说的，其实朱熹的原话是很让人感动的，语出《中庸章句序》："盖尝论之：心之虚灵知觉，一而已矣，而以为有人心、道心之异者，则以其或生于形气之私，或原于性命之正，而所以为知觉者不同，是以或危殆而不安，或微妙而难见耳。然人莫不有是形，故虽上智不能无人心，亦莫不有是性，故虽下愚不能无道心。二者杂于方寸之间，而不知所以治之，则危者愈危，微者愈微，而天理之公卒无以胜夫人欲之私矣。精则察夫二者之间而不杂也，一则守其本心之正而不离也。从事于斯，无少闲断，必使道心常为一身之主，而人心每听命焉，则危者安、微者著，而动静云为自无过不及之差矣。"

朱熹是承认"心之虚灵知觉"是一不是二的，但他太面对现实了，很"老实"地给流杂的人品找理由，认为表现出人心的是因为"形气之私"占了上风，表现出道心的是保持着"性命之正"，而且也认为上智有人心、下愚有道心，更努力呼吁人们"守其本心之正而不离"，办法就是让人心听命于道心。从王阳明开始驳难朱熹的二分法，到了清代戴震来了个彻底翻转，参考《孟子字义疏证》，阳明嫌朱熹太"右"，戴震嫌朱熹太"左"。

阳明虽然反对二分法，但也不能否认道心和人心的差别，但是他借助于佛教圣凡不二——觉即圣、迷即凡的不二法门，将道心与人心提为一心：人心得其正即是道心，道心失其正即是人心，只是一心，没有两个心。而得失由己就是康德说的道德意志自由，因

为觉是你觉，迷是你迷。这样的确把焦点往深找了许多，越深越可以超越"分析"。阳明承认程伊川说的"人心即人欲，道心即天理"，虽然也是分析着说的，但意思是准确的，因为天理、人欲不并立，也是说一心而具理、欲的两面，它们之间不是谁命令谁的关系，没有说人欲非要听命于天理。阳明认为朱熹的"道心为主，人心听命"是"二心"，又犯了支离之病。

天理、人欲的关系酷似佛性与人性的关系，佛性不在人性外，天理不在人欲外，关键是一念之转。是一个心，不是两个心，是一个圆内的阴阳鱼，单看哪一边先动了。天理、人欲如同阴阳，互相依存又彼此消长，一起合成人的太极，就像烦恼与菩提彼此消长，合成人的情。

道心犹如佛教的真心、真如、自性、佛性。人心犹如佛教的心法（眼、耳、鼻、舌、身、意、末那、阿赖耶八识），就日常表现而言，人们只知道眼耳鼻舌身意的受想行识，不知道受想行识是自性的作用；同样的道理，人们只知道人心的百般求索、千般挑剔，不知道人心的运作是道心的表法。道心其实是心本体，孔孟称其为"仁"，阳明后来说叫"良知"吧。它失其正、被欲望遮蔽就出现了私心（人心）。

阳明的精一之训的大旨，首先是指心即性，即天理、道心；其次是说即使杂了人伪、有了所谓的人心，也依然是一个心，不坚持这一点就复归不了真心、道心，会陷入"二心""三心"的支离陷阱，就再难逃离苦海了；最后，人心、道心是一不是二，犹如烦恼即菩提，天理也即人欲。

问道之精粗。

先生曰："道无精粗，人之所见有精粗。如这一间房，人初进来，只见一个大规模如此；处久，便柱壁之类，一一看得明白；再久，如柱上有些文藻，细细都看出来。然只是一间房。"（《传习录》第63条）

道，没有精粗，但会随着人们的所见而呈现或精或粗的样态。所谓的去粗取精是修炼人们的见道水平，让见道的心能够鉴空衡平，才会由粗变精。道，不在心外，没有孤悬的、寡头的道，要想见道精，只有提高心能、心力。所见是由能见掌控的，同样是一间房，刚进来看个大概，看久了就能看清柱壁及其藻饰。如果看的人足够敏感精细，也会一下子全都看清。修道也是这样，阳明悟性高，所以中年就见了道，而他的学生和今天的我们，即便有他的指引却也迟迟不能见道。

心学是精一之学，这个精一专门纵向用功（以诚意为宗），把横向的知识扩展都看成"今日格一物明日格一物"这等浪掷心力的活动。道，都是精的，而且必须一，不精一则不能得道。精一之学是训练能见的，也叫格心。将训练所见精细化靠的是耐心和细心，即使意诚也需要耐心地推向深悉，如阳明这番经验化的描述。

四 立志功夫

问立志。

先生曰："只念念要存天理，即是立志。能不忘乎此，久则自然心中凝聚，犹道家所谓结圣胎也。此天理之念常存，驯至于美大圣神，亦只从此一念存养扩充去耳。"（《传习录》第16条）

所谓立志是确立意识的方向，无志之人的精神状态是低级的，因为他的意识没有方向。立志是心体的发动，也是心体圆成的奠基。心性是受自我内驱力支配的追求体系。立志就是给这个体系定个方向。

问题的精微处在于怎样念念存天理。明末大儒刘宗周的办法是慎独，阳明也说过谨独、慎独，但没有将其作为专门功法；刘宗周则是把慎独作为儒家哲学的思想根基和修身的根本方法来研究。王阳明在这里打的比方是"道家所谓结圣胎"。一念不息地提住心，就是"凝聚"。但衡今此条的评语可资参考："阳明此意，犹是主一之义也。'凝聚'二字，则是功夫。与（禅）宗门之一心参话头，净土门一心念佛，道家之一心注守丹田，一也。"这是平实之论，阳明在

养心功夫上就是直接运用了释、道两家的成功经验。

阳明小时候，一个道士说他胡须长到胸前时就可以"结圣胎"了。后来他在阳明洞静坐结成了圣胎，定力成熟，友人说他的心触之不动了，去平叛乱必定能成功，果然。触之不动是未发之中的气坚实饱满了，于是可以发而中节了。阳明现在说的念念存天理，让天理像圣胎一样凝聚于心，这个以天理为内容的圣胎就是良心。良心显现并一念扩充下去则"驯至于美大圣神"矣。

人的气量决定最终所得。阳明十二岁那一年，问塾师："何为第一等事？"塾师说："惟读书登第耳。"阳明反驳老师："登第恐未为第一等事，或读书学圣贤耳。"学圣贤就是不以登攀仕途为目的，而以成圣当伟人为目标。刚刚登第当了状元的父亲嘲笑小阳明："汝欲做圣贤耶！"

> 问："孔门言志：由（子路）、求（冉有）任政事，公西赤任礼乐，多少实用。及曾皙说来，却似耍的事，圣人却许他，是意何如？"
>
> 曰："三子是有意必，有意必便偏着一边，能此未必能彼；曾点这意思却无意必，便是'素其位而行，不愿乎其外'，'素夷狄行乎夷狄，素患难行乎患难，无入而不自得'矣。三子所谓'汝器也'，曾点便有不器意。然三子之才，各卓然成章，非若世之空言无实者，故夫子亦皆许之。"（《传习录》第29条）

孔子问徒弟们的志向，子路的志向是用三年时间武化一个

不大的城邦，让百姓得到军事训练、知道礼义，从而抗衡周边的大诸侯；冉有则是用三年时间，让一个方圆几十里的小邦富足起来，进行礼乐教化；公西赤是想当个司仪，主持祭祀、外交活动。这三个弟子都有执念，有明确的功利目的。这样就容易偏颇，往往顾此而失彼，不能做到无可无不可。曾点却描述了一个在暮春时节穿上春衣，游泳过后边走边唱回家的场景。结果孔子最认可曾点的志向，认为他做到了素位而行，随缘行事，无功利思量，能行中庸之道。其他三个弟子都是"器"，强调工具性和实用，而曾点不是"器"，他的志向合乎天道和大本。但其他三弟子的追求也都有世俗的成绩与效果，不是空而不实的夸夸其谈，所以孔子也都稍有赞许。

阳明认为子路、冉有和公西赤的选择太具体、太有限了，干了这个就干不了那个了。而曾点的志向符合"君子不器"的圣训，曾点"似耍"有着自由自在的意蕴神采。阳明引用《中庸》的"无入而不自得"来强化自己的观点，凸显了阳明内心深处向往自得的心意。

有必要单独解释一下"意必"。《论语》："子绝四：毋意、毋必、毋固、毋我。"朱熹解释"意、必、固、我"是"私意、期必、执滞、私己"，四者的关系是"起于意，遂于必，留于固，成于我"。意必常在事前，固我常在事后，"我"又生"意"，循环无穷。私意具体化便是许多人的"我以为"——人都活在"我以为"中，检验对错、有效与否的标准又不是"我以为"，于是误解频出，舛错丛生。意必固我合成的是高级别的自私，自私是所有道德的天敌。去人欲主要是去自私。所有的修行都要"狠斗私字一闪念"。

想有出息的人千万警惕自己的意必。有意必就有固我，西方人讲人是上帝的肖像，中国人讲人与天地一体，如果你固执僵化、以自我为中心，就不能与天地相似了。

问："知识不长进如何？"

先生曰："为学须有本原，须从本原上用力，渐渐盈科而进。仙家说婴儿亦善，譬婴儿在母腹时，只是纯气，有何知识？出胎后方始能啼，既而后能笑，又既而后能识认其父母兄弟，又既而后能立能行、能持能负，卒乃天下之事无不可能。皆是精气日足，则筋力日强，聪明日开，不是出胎日便讲求推寻得来，故须有个本原。圣人到'位天地，育万物'，也只从'喜怒哀乐未发之中'上养来。后儒不明格物之说，见圣人无不知无不能，便欲于初下手时讲求得尽，岂有此理？"

又曰："立志用功，如种树然。方其根芽，犹未有干；及其有干，尚未有枝；枝而后叶，叶而后花实。初种根时，只管栽培灌溉，勿作枝想，勿作叶想，勿作花想，勿作实想。悬想何益？但不忘栽培之功，怕没有枝叶花实？"（《传习录》第30条）

诸君应该永远记住这两个比喻：未发之中如婴儿在胎，立志如种树。婴儿在胎中只是纯气，有何知识？长大以后自然一步步该干啥干啥，乃至于无不可能。如果让婴儿穷尽天下之理是荒谬的，那么让初学的人一下子穷尽天下之理也是荒谬的。怎么办？从

喜怒哀乐未发之中上"养"善根、"养"根本智慧，这是唯一正确而且有效的办法。未发之中，就是喜怒哀乐这些意念还没有发出来时，那种中和、平静、智慧圆满自足的根源状态。要想知识长进就得找到根源。注意：阳明说的"为学"是学为圣人，"本原"是在未发之中上养诚意的功夫。

"科"是坎，"盈科而进"是过了一个台阶再过一个台阶，都是指内圣之学的进步。如果要增长八股知识、扩充闻见之知则无须如此。在阳明学谱系里，这后一种不是知识，而是遮蔽人本心和灵根的浮游物，这种"知识"越多，人的执念和自我屏障反而越厚，不能吸收真正的智慧。

立志不要有功利目的，如果有功利目的就是和自己做买卖。一个和自己都做买卖的人，肯定是个俗透了的人，用心学的话说叫欺心。一个刚种下树苗就想结果子卖钱的人，就像民间笑话里的秀才，拿着一个鸡蛋就幻想孵出一群小鸡，再用小鸡换成牛，牛换成地，地多了娶个小老婆。佛教为什么反对执着？因为执着于假相就找不到真相了。阳明的四个"勿想"是让学生放松，解放出精神的自由滋味来，"悬想何益"？老老实实地做栽培之功，枝叶花果都是自然结果，如同立志之后的精神进步。立志如种树就是立志如审美的意思，这叫作无目的的合目的性。

立志是孟子、陆九渊一再强调的"先立乎其大者"。为学是为了见性；立志是为了反身而诚、自明诚，这样开启的才是根本慧命，而不是鸡零狗碎的闻见之知，才能有实质性的进步，因为只有这样才能找到自我的本质。同时，必须无所执。无所执，故无所成名；无所成名，故大。

艾扬格《瑜伽之树·回归种子》："人的灵性发展也可以比喻为树的成长，从种子到完全成熟。你无法在种子里看见树成长的品质，但它就藏在里面。人的种子是灵魂，我们存在的本质就藏在里面。个人的灵魂就是引发个人成长的因，就如种子引发树的成长。

"种子撒到土里，一两天之后就会蹦出芽来，这个芽就是良心。心是器官，良是德行，或存在的本质；所以德行的器官称为良心。这个从灵魂蹦出来的芽给了我们第一个知觉——德性的知觉，一扇门。

"种子打开以后，长出茎来，就是心，或称为意识。从种子出来的那一根茎分出不同的枝——一枝是真我，一枝是自我。真我是个体存在的觉知，它还不是自我，而是真我的觉知，是'我存在'的觉知。自我从真我而来，进入行动；只要不行动就是真我状态，真我一旦用行动表达自身，就成了自我。"

这算现代心学原理的一个提纲，可与阳明心学相衬映。

阳明说："大抵吾人为学紧要大头脑只是立志，所谓困忘之病，亦只是志欠真切。今好色之人未尝病于困忘，只是一真切耳。自家痛痒，自家须会知得，自家须会搔摩得。既自知得痛痒，自家须不能不搔摩得。"（《传习录》第144条）

他当年在龙场给诸生立"教条"时，首要的就是立志："志不立，天下无可成之事……立志而圣，则圣矣；立志而贤，则贤矣。志不立，如无舵之舟、无衔之马，漂荡奔逸……"何处是个头？（《教条示龙场诸生·立志》）

问志至气次。

先生曰："'志之所至，气亦至焉'之谓，非极至（首先）次贰（其次）之谓。'持其志'，则养气在其中。'无暴其气'，则亦持其志矣。孟子救告子之偏，故如此夹持说。"（《传习录》第73条）

至是到达，次是停留。阳明凡事都主张一体化，做功夫更是要求一体化。他的解释是：意念到了哪里，气就到了哪里（如同气功行气一般）。志说白了就是意念的方向，持其志是坚持这个意念、意向，这时气自然就在其中了。暴是过度使用的意思，控制气的过程其实就是个持其志的过程，持志也是养气。这是在讲解孟子的理论，针对的还是朱子，朱子把"至"解成极，把"次"解成第二的意思。朱子不做功夫，说了外行话。"夹持"是两边扶住不偏倚，是禅宗术语。

"种树者必培其根，种德者必养其心。欲树之长，必于始生时删其繁枝；欲德之盛，必于始学时去夫外好。如外好诗文，则精神日渐漏泄在诗文上去，凡百外好皆然。"

又曰："我此论学，是无中生有的工夫，诸公须要信得及只是立志。学者一念为善之志，如树之种，但勿助勿忘，只管培植将去，自然日夜滋长，生气日完，枝叶日茂。树初生时，便抽繁枝，亦须刊落，然后根干能大。初学时亦然。故立志贵专一。"（《传习录》第115条）

删其繁枝就是克己省察、去夫外好，去掉那些不利于身心的

外在嗜好，因为喜欢什么就会被什么控制，痴迷什么就会被什么绑架。制造欲望的各行各业都是通过满足你的欲望来控制你，而不是简单压制或直接镇压。"凡百外好皆然"，只要是务外就会失内。这个内的核心是德。被德控制而遗失道是另外的问题，譬如一些正派的道学家就是不能悟道，因其失去了活泼泼的自然生机。

阳明强调养心、种德、立志是自己救自己的唯一法子。他很少径直说他论学是什么功夫，而这里却径直说"是无中生有的功夫"。"无"是免去各种外好，"有"是立志，立一念为善之志。一念为善之志是孟子说的"集义"，是操存舍亡之存养，就是时时刻刻都保持这一念（勿忘），还不能拔苗助长（勿助）。"立志贵专一"与他一直强调的"精一"相通。《老子》主张"抱一"，佛教主张"以一统万"，与阳明说的"专一"的内涵不同，功夫相通。

阳明说的志之所向，就是心意之所向，从内容上说就是要人们择善弃恶，立志是个由知善走向行善的过程，是个意向的取样、变样问题。

唐诩问："立志是常存个善念，要为善去恶否？"

曰："善念存时，即是天理。此念即善，更思何善？此念非恶，更去何恶？此念如树之根芽，立志者长立此善念而已。'从心所欲不逾矩'，只是志到熟处。"（《传习录》第53条）

志到熟时是个很有启发的提法。原来志有生熟，志气是集义而得，有个成长、成熟的过程。

阳明对善恶是有全面看法的，他晚年能够提出"无善无恶心之体"，说明其善恶观念不是概念性的，而是活泼泼的、事关身心性命的根本命题。教学生做功夫更是难以概念化表达，他不愿意学生在概念上打转转，而是鼓励他们向志熟处努力。

五 心性功夫

爱问："至善只求诸心，恐于天下事理有不能尽。"

先生曰："心即理也。天下又有心外之事、心外之理乎？"

爱曰："如事父之孝，事君之忠，交友之信，治民之仁，其间有许多理在，恐亦不可不察。"

先生叹曰："此说之蔽久矣，岂一语所能悟？今姑就所问者言之：且如事父，不成去父上求个孝的理；事君，不成去君上求个忠的理；交友治民，不成去友上、民上求个信与仁的理。都只在此心，心即理也。此心无私欲之蔽，即是天理，不须外面添一分。以此纯乎天理之心，发之事父便是孝，发之事君便是忠，发之交友治民便是信与仁。只在此心去人欲、存天理上用功便是。"

爱曰："闻先生如此说，爱已觉有省悟处。但旧说缠于胸中，尚有未脱然者。如事父一事，其间温清（qìng）定省之类有许多节目，不知亦须讲求否？"

先生曰："如何不讲求？只是有个头脑，只是就此心去人欲、存天理上讲求。就如讲求冬温，也只是要尽此心之孝，恐怕有一毫人欲间杂；讲求夏清，也只是要

尽此心之孝，恐怕有一毫人欲间杂，只是讲求得此心。此心若无人欲，纯是天理，是个诚于孝亲的心，冬时自然思量父母的寒，便自要去求个温的道理；夏时自然思量父的热，便自要去求个凊的道理。这都是那诚孝的心发出来的条件。却是须有这诚孝的心，然后有这条件发出来。譬之树木，这诚孝的心便是根，许多条件便是枝叶，须先有根然后有枝叶，不是先寻了枝叶然后去种根。《礼记》言：'孝子之有深爱者，必有和气；有和气者，必有愉色；有愉色者，必有婉容。'须是有个深爱做根，便自然如此。"（《传习录》第3条）

徐爱问道：您讲只求之于本心，就可以达到至善境界，恐怕不能穷尽天下的理。阳明说：心就是理，天下哪里有心外之事、心外之理？在《传习录》中卷里，阳明有时还加上：哪有心外之仁、心外之义、心外之物？以此证明没有心外之理。

徐爱说：就如侍奉父母的孝心，辅佐君主的忠心，结交朋友的诚心，治理人民的仁慈。其间有许多理在，不能忽略吧。

阳明说：这种错误说法流行已经很久了，只用一两句话点不醒你。姑且按你说的往下说：侍奉父母，难道还要去父母那里寻找孝顺的理吗？辅佐君主，还要到君主身上找忠心的理吗？结交朋友、治理人民时，难不成还要到他们身上去寻找诚挚和仁慈的理吗？这怎么能成？其实理就在这一个"心"上，心即理也。此心若无私欲的遮蔽，就是天理，不须外头添一分。以此纯乎天理之心，运用在父母上便是孝，用在君主上便是忠，用于朋友和百姓便

是信和仁。只在此心去人欲、存天理上用功就行了。

爱说：您说的我有点明白了，但旧观点仍缠于胸中，一时难以完全摆脱。譬如孝敬父母，其中许多细节还要讲究吗？王说：怎么不讲究？只是有个头脑，只要此心去人欲、存天理，便自然在冬凉夏热之际要为父母去求个冬温夏凉的道理。这都是那诚孝的心发出来的条件。有此心才有这条件发出来。好比树木，这诚孝的心便是根，条件便是枝叶，必须先有根才有枝叶，而不是先寻了枝叶再去种根。总而言之，须是以深爱为根，有深爱作根，便自然如此。

徐爱问得好：天下的事理不是只求之于心就能够用的！这一点是阳明学被误解的靶心。张君劢（mài）在《新儒家哲学之基本范畴》一文中就很诚挚地说："阳明所谓理，指忠孝慈爱之道德言之，是可求之于一心，无疑义矣。更以心为规矩尺度，自可视之为标准之唯一者矣。自字面言之，似乎阳明已驳倒朱子矣。然吾人举自然界之一二端，便可知阳明之说不能用之于一切事物之理。试问天文地质之理，可求之一心否乎？"

就此刻的语境而言，心即理主要指伦理。对心学整个体系而言，心即理的"理"主要是天理，这个天理包括了物理，自然也包括"天文地质之理"。当然，它肯定不是天文学、地质学本身，心学原理也不能直接推导出质能方程式。问题的要点在于：心学否定物理吗？不，恰恰相反，心学坚持实践检验。这也并不重要，重要的是心学强调体悟，包括体悟物之理，按照花草的"性"把花草栽培好，按照原子弹的"性"把原子弹造好。没有这个思维能力和维度，阳明学就不会在东亚有这么大的影响力。

徐爱很实在，问得很具体：既然去心上用功，还讲究"温清定省"吗？阳明的回答很诚恳，因为阳明强调的是"诚意"，他的逻辑是只要孝心纯粹了，自然能够做到让父母冬温夏凉。有个旧联可资助解："百善孝为先，论心不论迹，论迹贫家无孝子；万恶淫为首，论迹不论心，论心世上少完人。"这个动机决定论也许不能全部对应问题，但是可以强化道德自律。

徐爱的着眼点在"他律"：事父、事君、交友、治民，应该按各自的理，一一去符合"他律"的要求。阳明说这种误人不浅的歪理遮蔽了许多人，而且流传久远、弊病深重，不能一语破除。阳明的办法是回到"自律"上来，你只能料理你自己的心，不能从君主那里求君的理，只要你的心是纯乎天理之心，那用到事父上就是孝，用到事君上就是忠，用于交友、治民就是信与仁。阳明告诉徐爱和天下人："只在此心去人欲、存天理上用功便是。"人情事变都由心而发，万法归心，强化内心的自律精神才是根本。

伦理之理的根直接在心，无论是仁义还是礼智信，其根本均在一心。如果去父身上求孝的理，那死了父母的人就该毁了孝的心肠？阳明还举过"乍见孺子入井，恻隐之端不在孺子"的例子。孝是宗法社会的根本道德，忠义是孝的扩充、推衍。没了父母的人不能违背爱之理。陈寅恪讲王国维自杀是忠于"忠的理型"，不关乎一家一姓之存亡，也是这个道理。王国维的心与忠的理型之理是相通的，以此可以助解阳明说的"天理之心"：如果王国维有私欲，则不必自沉矣。

物理之根也直接在心，阳明的心性论是互联论，小而言之，人体的经络是互联的，不但互联还得联成一体。养身、养心、养德

只是一事，日月星辰、山河大地更是互联的——心学要的是万物一体之仁！心即理的哲学理论依据是万物一体的宇宙观，儒释道三家都为此宇宙观贡献过很好的意见。阳明的贡献在功夫论上，本体论上主要是坚持：心体是理的天渊。用功的方法，《传习录》卷下里说得多一些，主要是：一、念头一起，就克己审察；二、在事上磨炼；三、诚意与格物致知交相支撑；四、时时处处致良知——道德必须成为科学的前提，不然人类就是在自我毁灭。

心学功法主要是通过内感觉的精细修炼，从而提高直觉的质量。这种感悟式的参究又是在"亲证"义理，辅以学理支撑。阳明的心即理的逻辑大致是：心本体只是一个明亮的觉知性（有时用明镜、有时用天渊比喻），它照亮事事物物，心体光明，无事不办。事父、事君、交友、治民等都是物，但都由心主宰，所以不在心外。心即理更有心产生理的意思。

二十世纪从德国集中营生还的法国哲学家扬克勒维奇可能并不知道地球上有过王阳明，却坚持着比王阳明更彻底的道德主义。首先，道德哲学是第一哲学，也是哲学本身；其次，善恶不是实体，而是有待主体去实施的事；最后，善的意向确定善，爱是道德行为的源泉，就是阳明说的"须是有个深爱做根，便自然如此"。作为原则，深爱永远有效。没有爱就没有仁，没有大爱就没有义。

　　或问："晦庵先生曰：'人之所以为学者，心与理而已。'此语如何？"
　　曰："心即性，性即理。下一'与'字，恐未免为

38

二。此在学者善观之。"（《传习录》第33条）

朱子的意思是每个真心向学的人都应该尽心穷理。当然有内尽己心、外穷物理两个方面的意思。阳明觉得这就把一个东西掰成两半了，心一破碎便百病丛生，心不但不能尽理也无从穷之了。一个"与"字就把"一"掰成了"二"，"二"就进入了经验界，不是"根"，不究竟了。

心从性来，性从理来，所以心即性、即理，这是《孟子·尽心》已经揭示过的。性在作用，理也在作用。性和理是无形无相的，能够通过作用表现出任何形、相，在人这里主要表现为心的作用。阳明的贡献是变"与"为"即"、变"二"为"一"。性和理是心之体，心是其用。阳明强调"心"在道德实践中的呈现。他认为这样一来，朱子"心理为二"的问题就被克服了。

"性"在阳明这里虽是天之禀赋，却不能理解为静态的本质，它是由"能"生的天理在人心中呈现的某种生成性结构，阳明也是在这个意义上说"心即性，性即理"。阳明将"心体"和"性"都理解为生成性结构，强调其能动性，故指点人时常常以"根"设喻，而所谓"良知即是天植灵根，自生生不息"（《传习录》第244条），也只有从生成性结构的角度出发才有解。

> 或问："人皆有是心，心即理，何以有为善，有为不善？"
> 先生曰："恶人之心，失其本体。"（《传习录》第34条）

这个同学的问题是：老师常说仁善是天理，是没有人欲之杂

的心本体，既然是天理，就应该人人具有，那为什么还有不善的人呢？简单说，世上不善之人如滚滚红尘，何以证明善就是心本体？阳明不会动摇"心即理"这个根本信念，如果这个信念动摇了，心学大厦就坍塌了。所以他四两拨千斤地说"恶人之心，失其本体"，本体如日月，千古不废，恶人自己背弃了光明，自己驱使自己进入黑暗的深渊，何伤日月？

心之本体，不是指个人的心灵，而是指人性上的共性。无以名之，名曰理，就是形而上的意思，是超乎具体时空而普遍存在的意思：东海西海，心理攸同，人同此心，心同此理。阳明常说的"念念存天理"，其实是念念守住心本体的意思。

问："身之主为心，心之灵明是知，知之发动是意，意之所着为物，是如此否？"

先生曰："亦是。"（《传习录》第78条）

所谓"亦是"是"也算对"的意思。那完全对的该是什么呢？有一则旧评这样推测："盖先生之意，谓心之发为意，意之本体为知，意之所着为物也。"这样调过来，突出了"意"的核心地位。学生的说法突出了"知"，大方向一致。你意识到了，你就已经开始行了，行包括意念发动。但是你必须做出来，这样你的知才是真实的知，才变成了实在的知。就像每个人都有一脑门子的想象，只有艺术家能够把心中所想变成人人可以得而观之的艺术品。做不出来的念头不是"知之成"。把知行分作两件事，从纯理论的层面来说是不可能的。但是在历史、现实中能够知行合一的人

却凤毛麟角，这个层面的知行合一是价值形态的，是你敢不敢在所有问题上一任良知而行。奥妙在于知和行都是意志能量，把知行分作两件事首先是意志无能。

阳明心学虽然不是心理学，但是具有心理学的技术含量，可以参考布伦塔诺的意动心理学。意动心理学以意动或意向性为对象，重视心理的过程而不是内容。譬如，说"中"是过程，说"天理"便是内容，再用无偏倚解释天理，就又回到了过程。心理的问题，不在于是什么，而在于它做了什么（执行了什么功能）。所谓意向性，就是人的心理能够主动积极地将外部事物纳入自身，并赋予外部事物意义。这就是"意之所着为物"的道理和含义。最容易引出歧义的"心外无物"是在强调物是"意之所着"。心学不是认知心理学，而是意义建构学。

胡塞尔在《逻辑研究·纯粹逻辑学导引》中提出："一个东西是不是真的"和"这个东西是不是被人们认为是真的"，这是完全不同的两回事。逻辑学家应该探讨前者，即真理自身的问题；后者则是心理学家所致力的工作，即人们如何认识真理。王阳明是把这两回事"一勺烩"了。

六 省察存养功夫

"省察是有事时存养，存养是无事时省察。"（《传习录》第36条）

就像人的生命是一呼一吸一样，人的生活无非就是有事、无事。存养是存心养性的简称，省察是反省克己检察的略语。存养是在静中修炼，省察是在动中修炼。阳明强调的是无论动静都要修炼，尤其注意存养的同时还要保证省察。因为有事的时候是考验，这时省察不得力就会坏事，而这时只能针对性地省察了，不能做内功了。尽管字面上阳明没有区别轻重缓急，但事实上有事时更重更急。阳明一贯强调事上练，就是因为在人情世故中的省察是吃紧的。

这是一个良性的循环互动。在事上的省察自然也是存养的积累。阳明晚年反省自己处理宁王事变时"有挥霍意"。这是阳明后来在存养上有了提高后的省察。

曾国藩的经验是："凡将举事，必先平意清神。清神意平，物乃可正。""胸襟必能自养其淡定之天，而后发于外者有一段和平虚明之味。""一日强恕（克己），日日强恕；一事强恕，事事强

恕，久之则渐近自然。以之修身，则顺而安；以之涉世，则谐而祥。"都是阳明学上好注脚。

> 澄尝问象山在人情事变上做工夫之说。
>
> 先生曰："除了人情事变，则无事矣。喜怒哀乐非人情乎？自视听言动，以至富贵贫贱、患难死生，皆事变也。事变亦只在人情里。其要只在致中和，致中和只在谨独。"（《传习录》第37条）

在人情世故上做功夫是有事时省察，慎独是无事时存养。有事时不得力的根源在于无事时存养不够。强调"事变亦只在人情里"的心学，对谁都有用。帝王事业要从心头做；带孩子也要从心头做；面对死亡，别人更是帮不上忙，只能是自己心头上的事情；每分钟的喜怒哀乐、视听言动都是心动念起的表现，所以"其要只在致中和"。中和是小到心念微启，大到社会和谐、世界永久和平的根本理则。社会由人组成，人由心控制，让心致中和的关键"只在谨独"。谨独与慎独同义。慎独，笼统地说就是自己炼心，在静坐中克己省察，自己面对自己，不对自己撒谎，心里没有一个观众、领导、客户，因为多一个对象就会媚俗、自欺欺人、欺心（欺，失去中和平整）。古人说训静有二义，一为审，一为整。颇得慎独之精义。心不整就会百乱丛生。晚明大儒刘宗周终身以慎独为根本宗旨，他自己检讨：本以为自己可以泰山崩于前而心不惊了，可是当他听到锦衣卫来抓自己的马蹄声时，还是心跳加快了。刘宗周绝食月余，一意追随先朝以成全自己的大义。不如

此，他心里亏欠得难受。

刘宗周说："千圣相传，只'慎独'二字为要诀。先生言致良知，正指此。但此'独'字换'良'字，觉于学者好易下手耳。"（《阳明传信录》卷三）邹守益问阳明："子思受学曾子者，《大学》先格致，《中庸》首揭慎独。何也？"阳明答："独即所谓良知也。慎独者，所以致其良知也。戒慎恐惧，所以慎其独也。《大学》《中庸》之旨一也。"（《明儒言行录》）

曾国藩能够平定叛乱，也因其有心性功夫："人该省事，不该怕事。人该脱俗，不该矫俗。人该顺时，不该趋时。""定、静、安、虑、得，此五字时时有，事事有。离了此五字，便是孟浪做。""才下手，便想到究竟处。"

中国本土的道教有"功过格"，儒家则是省察。阳明是儒家里把悔悟提得最高、最重的，因为他做功夫，也因为做功夫所以他不标榜。

阳明对自己那帮学生说：你们近来很少提问，为什么？人不用功，莫不自以为已知，以为只要这么做下去就可以了。其实，私欲日生，如地上的灰尘，一日不扫，便又有一层。踏实用功，就能体验到道无终穷，愈探愈深，必使精纯洁白、无一毫杂质方可。（《传习录》第64条）若不用克己工夫，终日只是说话而已，天理终不自呈现，私欲也终不自呈现。如人走路一般，走得一段，方认得一段；走到歧路处，有疑便问，问了又走，才渐渐能到欲到之处。今人于已知之天理不肯存，于已知之人欲不肯去，且只管愁不能尽知那些外在的学问，只管闲讲，何益之有？且待克得自己无私可克，方愁不能尽知，亦未迟在。（《传习录》第65条）

王阳明问坐在旁边的学友："近来工夫怎么样？"那个人描绘了一番虚明状态。阳明说："这是说光景。"

他问另一个，这个叙述一番今昔异同。阳明说："此是说效验。"

这两个人本来都挺有体会的，满以为会得到老师称赞，老师却说他们没入门，在门外讲故事。他们感到很茫然，便向先生请教。

阳明说："吾辈今日用功，只是要为善之心真切。此心真切，见善即迁，有过即改，方是真切工夫。如此则人欲日消，天理日明。若只管求光景，说效验，却是助长外驰病痛，不是工夫。"（《传习录》第97条）

这似乎是个文学感觉与道德境界的差别。讲光景与说效验是外在的，迹近说评书，真正的道德体验、义理感悟是"忘我"的。王阳明常说："精神道德言动，大率收敛为主，发散是不得已。天地人物皆然。"（《传习录》第54条）

有个学生言语混乱，王阳明说他："言语无序，亦足以见心之不存。"（《传习录》第80条）信口开河的人是根本没有把心用到表述对象上的，语无伦次的人也是根本没有想清楚自己要说什么。从做功夫的角度说：通过训练语言表达，也可以达到训练心思入微的目的。

薛侃常爱后悔。王阳明说："悔悟是去病之药，然以改之为贵。若留滞于中，则又因药发病。"（《传习录》第106条）

王阳明对薛侃说："为学大病在好名。"

薛侃说先前以为自己这个好名的毛病已经变轻了，现在深入审视一番，才知道并没有变轻，还是太以别人的看法为重了。只要闻誉就喜、闻毁就闷，就是又发好名的毛病了。

王阳明说："最是。名与实对，务实之心重一分，则务名之心

轻一分；全是务实之心，即全无务名之心；若务实之心如饥之求食，渴之求饮，安得更有工夫好名？"（《传习录》第105条）

王阳明的学生萧惠说："我的私欲难以克除，怎么办？"

王阳明说："将你的私欲拿来，我替你克。"

这显然是禅宗"将心来，替你安心"的翻版。不同之处在于，他认为"人须有为己之心，方能克己；能克己，方能成己"（《传习录》第122条）。所谓成己就是个克己向里、德上用心的努力过程。这样才能悔而知改，实地用功。

很多人缺少这样的拷问自己，所以才会无标准，永远觉得自己有理，永远拣对自己有利的说。这样似乎尽占便宜，其实永远在泥淖里轮回。心学要往心里找，只有省察悔悟才能更新。

七 主一守中功夫

梁日孚问："居敬穷理是两事，先生以为一事，何如？"

先生曰："天地间只有此一事，安有两事？若论万殊，礼仪三百，威仪三千，又何止两？公且道居敬是如何？穷理是如何？"

曰："居敬是存养工夫，穷理是穷事物之理。"

曰："存养个甚？"

曰："是存养此心之天理。"

曰："如此，亦只是穷理矣。"

曰："且道如何穷事物之理？"

曰："如事亲便要穷孝之理，事君便要穷忠之理。"

曰："忠与孝之理，在君亲身上，在自己心上？若在自己心上，亦只是穷此心之理矣。且道如何是敬？"

曰："只是主一。"

"如何是主一？"

曰："如读书便一心在读书上，接事便一心在接事上。"

曰："如此，则饮酒便一心在饮酒上，好色便一心在好色上，却是逐物，成甚居敬功夫？"

日孚请问。

曰："一者天理，主一是一心在天理上。若只知主一，不知一即是理，有事时便是逐物，无事时便是着空。惟其有事无事，一心皆在天理上用功，所以居敬亦即是穷理。就穷理专一处说，便谓之居敬；就居敬精密处说，便谓之穷理；却不是居敬了别有个心穷理，穷理时别有个心居敬。名虽不同，功夫只是一事。就如《易》言'敬以直内，义以方外'，敬即是无事时义，义即是有事时敬，两句合说一件。如孔子言'修己以敬'，即不须言义。孟子言'集义'，即不须言敬，会得时横说竖说，工夫总是一般。若泥文逐句，不识本领，即支离决裂，工夫都无下落。"

问："穷理何以即是尽性？"

曰："心之体，性也，性即理也。穷仁之理，真要仁极仁；穷义之理，真要义极义。仁义只是吾性，故穷理即是尽性。如孟子说'充其恻隐之心，至仁不可胜用'，这便是穷理工夫。"

日孚曰："先儒谓一草一木亦皆有理，不可不察，如何？"

先生曰："夫我则不暇。公且先去理会自己性情，须能尽人之性，然后能尽物之性。"

日孚悚然有悟。（《传习录》第117条）

主一是什么功夫？主一就好像禅宗参话头，提住一个念头不放，好在一声鸟叫或一声棒喝的助缘下开悟。但是天理怎么主一

呢？天理不碰见具体事物是没有具体内容的（天理是不排斥物理的，排斥了物理就只能称为伦理了），天理是未发之中的中和。所以，主一只是一个主中和，也就是颜回的"守中庸"（孔子说自己只能守七天，颜回能守一个月），入中和之象，出中和之功。念念守住未发之中的那股心气，不如此不是功夫。"静""敬""空"都是守住"中和"的方法。

守住中和，就守住了"复杂共同体"，就能物来顺应、虚己应物、物各赋物。把任何事情干好，而不会强持强行、意必固我、非此即彼，更不会蛮干任性、冥行妄作，从而成为一个针对具体问题具体分析的辩证法大师。

为什么要主一呢？为了不被境夺、不被物牵、不被欲蔽。主一是"格心"的方法。格住了心，就不逐物了。一逐物，心就放出去了；心放出去了，就会散乱、昏沉或掉举。心散了神就乱了，连废话也说不好，因为心不在了。心跟着零散出现的外物东飘西荡，自我放逐，逐物而被物化，最后成为所追逐对象的牺牲品。追逐什么就会被什么吃了。那么"主一"会不会被"一"吃了呢？答案是也会被"一"吃了：入了"一"的象，化了自己的脑子。但是，这个"一"是中和，被中和吃了，就成了圣人了。

但要说被天理吃了，就有了礼教吃人的意思。戴震的名言不就是"后儒以理杀人"吗？因为，天理一旦具体化为伦理，便会成为对某些人有利、对某些人有害的一套规范，天理本来是内在的，这套规范却是外在的，就有吃人、杀人的可能性了。所以阳明后期只提良知、致良知，致良知含有"被良知化了脑子"的意思，被良心吃了比良心让狗吃了高尚多了。

主一功夫与佛教的"戒定慧"三学相通，但不相同。心学不讲十戒、菩萨戒，但是讲究戒惧慎独、有所不为，没有戒惧人就会无所不为。主一于天理，就不会逐物纵欲，本身是"良心戒"。同样，心学不明着提禅定，但是要求心定、要求存养"未发"前的"中"。通俗地说，定于一，才会有定力。没有定力，人一事无成。而且阳明也曾辅导学生静坐。静为本体，动为作用。入静，才能回归本体。阳明说过"定"是心之本体。阳明的主一功夫意在开根本智慧：觉悟、明心见性、克己而自己成就自己。只有主一才能培养智慧、智的直觉。这些内容是阳明所说的天理的含义。阳明的天理与朱熹的天理内涵不尽相同。

朱熹讲到性即理，阳明引申到心即理，这里一句"心之体，性也"就接通了天理。天理其实是规律的意思，存天理、灭人欲是克服主观唯心主义，坚持按客观规律办事的意思。譬如阳明剿匪平叛，从出发点上是为天下苍生，如果是为自己他就不干了，就回阳明洞修炼去了，一旦打仗就得怎么能打赢怎么来，不能说我想咋样就咋样。阳明能打赢，用他的话说是因为"不动心"，不动心就是没有人欲干扰了，没有意必固我了，从而按着战争的"性"来谋划安排，符合了规律，获得了自由。

万善从心，主一就是拿住本心炼功夫，炼得动静皆定、物来顺应，就可以做好各种本职工作，并在这个过程中成就伟大的人格。

主一为什么是功夫？主一好似形意拳教人"入象"的功夫，意在让人"化脑子"。阳明虽练过武术，但此刻是讲心学功夫，不是讲武学功夫，所以说主一是专主一个天理。但是天理怎么主呢？天理不碰见具体事是没有具体内容的，天理是未发之中的中和，所以，

主一只是一个主中和。入中和之象，出中和之功。入象的过程是个化脑子的过程。念念守住未发之中之气，不如此不是功夫。

阳明是极端一元论者，什么都要找到"一"，定一尊于一，这个一是宗教品质的绝对真理，一旦"二"了就乱了，就没有准了。欧阳南野说："凡两念相牵，即自欺根本。"主一是心学的基本要求：守住本心而不失。本心就是良心，良心通天理，所以，主一是专主一个天理。

主一是落实"惟精惟一"的功法。"精"可以制人心之粗率，可以息心念之纷扰。从效果上说，精确彻底才能无过情、无不及，不精当然就难一了。同时，精了的一才是真一，粗糙的一没有心定到成，阳明说陆九渊粗些，也是此意。

学生陆澄问王阳明："主一之功，如读书就一心在读书上，接客就一心在接客上，可以算主一之功吗？"王阳明说："好色就一心在好色上，好货就一心在好货上，能算主一之功吗？那只是逐物，不是主一。主一是专主一个天理。"（《传习录》第15条）

阳明随机而教、随人而教。大概此时陆澄欲心偏胜，有明显的逐物症，故特说不是逐一的好货、好色，而是求其放心——把放逐到外物上的心找回来。主一的具体功夫是静坐，收敛精神，小而言之可以养生，大而言之可以通神——独与天地精神相往来。

周敦颐《通书·圣学》："'圣可学乎？'曰：'可。'曰：'有要乎？'曰：'有。'请问焉。曰：'一为要。一者，无欲也；无欲则静虚动直。静虚则明，明则通；动直则公，公则溥。明通公溥，庶矣乎！'"

《明史·王守仁传》后只附了一个学生冀元亨。冀是他早期的学生，也是他儿子的家庭教师。王阳明曾派冀去宁王府刺探虚

实，宁王邀请冀加入他的事业，冀装糊涂，不回答，宁王以为他傻。他给宁王讲张载的《西铭》，讲民乃我同胞的道理。宁王笑他太呆，给了他丰厚的礼物，放他出来了。他将礼物交给了官府，告诉老师宁王必反，要早有准备，就回山阴当王正宪的老师去了。阳明平定宁王的叛乱后，张忠、许泰他们启发宁王反咬阳明通敌。宁王始终说没有，被逼问不已，忽又想起来了："独尝遣冀元亨论学。"忠、泰大喜，捉拿冀。冀在狱中备受拷打，一句软话也没有，坦然自若如在学堂一般。那些宦官把他押到京城锦衣卫的监狱，加以炮烙酷刑，但他宁死不屈，屈打成招的事情不会发生在真正的心学信徒身上，他不能窝囊自己，更不能诬陷老师。在生死存亡之际，保持良心，这是"主一"的真谛。

湖南省的官员接到指示后，到武陵县去抓冀的妻子李氏。李与她的两个女儿都不害怕，李氏说："吾夫尊师乐善，岂他虑哉？"在狱中与女儿照常织布纺麻。最后换了皇帝，狱守放李氏出来，她说："不见我的丈夫，我哪里也不去。"司法官员知道她贤明，在狱中不纺织时，就念《尚书》、唱《诗经》，意态安详，都觉得她是个奇人，要求见见她。她说没必要，毅然谢绝了。司法官员便来看她，她还是照样穿着囚服，纺织不辍。官员问她丈夫的学术，她说："吾夫之学不出闺门衽席间。"闻者惊叹且惭愧。

堂堂《明史》专录了这句妇道人家的话。冀平时务实不欺，谨于一念之间，也不讲什么大道理，就是像对待老婆孩子一样对待所有的人，在狱中把狱友感动到落泪，这就是仁者以天下万物为一体的大道了。

冀元亨夫妇是"主一"之典范，平实而纯粹。

八 动静体用功夫

学生问王阳明："静时我感觉自己心存天理了，一遇事就又乱了。怎么办？"阳明答："这是只知道静养而不用克己功夫的缘故。因此事到临头时就颠倒糊涂。所以人必须在事上磨炼，才立得住，才能静亦定、动亦定。"（《传习录》第23条）

静时入了定，觉得冲漠无朕、万象森然，觉得独与天地精神相往来；一旦碰上事就丢盔卸甲了，这是许多没有经过考验、纸上谈兵之人的常态。日本人说阳明学有两种，一为枯禅的，一为事业的。徒知养静必然会走向枯禅。

阳明一针见血：病根在不用克己功夫！入静也是纵容自己的性子，并没有完成根本转变。所以入不入静不是关键，克己才是关键。强调入静，是因为人们习惯了滚滚红尘的浮嚣，放纵自己去追逐外物。刘宗周说，克己是存理去欲的别名。养静是为了接通天、接通理。

有人问："学无静根，感物易动，处事多悔，如何？"阳明说："三言者病亦相因。惟学而别求静根，故感物而惧其易动，是故处事而多悔也，心无动静者也，故君子之学，其静也常觉，而未尝无也，故常应常寂，动静皆有事焉，是之谓集义。"

欧阳德对他说："先生致知之旨，发尽精蕴，看来这里再去不得。"——到头了。阳明说："何言之易也！再用功半年，看如何；又用功一年，看如何。功夫愈久，愈觉不同，此难口说。"（《传习录》第210条）他还说："只这个要妙，再体到深处，日见不同，是无穷尽的。"（《传习录》第211条）

问："圣人应变不穷，莫亦是预先讲求否？"

先生曰："如何讲求得许多？圣人之心如明镜，只是一个明，则随感而应，无物不照（这是禅宗明心见性的路子）；未有已往之形尚在，未照之形先具者。若后世所讲，却是如此，是以与圣人之学大背。周公制礼作乐以文天下，皆圣人所能为，尧、舜何不尽为之而待于周公？孔子删述《六经》以诏万世，亦圣人所能为，周公何不先为之而有待于孔子？是知圣人遇此时，方有此事。只怕镜不明，不怕物来不能照。讲求事变，亦是照时事，然学者却须先有个明的工夫（开悟）。学者惟患此心之未能明，不患事变之不能尽。"

曰："然则所谓'冲漠无朕，而万象森然已具'者，其言何如？"

曰："是说本自好，只不善看，亦便有病痛。"（《传习录》第21条）

由此可看他主张诚意优先的用处了：天下事无穷无尽，谁能预先讲求完？只能诚意自明诚，把心镜擦亮（开了大圆镜智），心

如明镜了就能"随感而应，无物不照"。所以"学者却须先有个明的功夫"，这"明的功夫"就是明心的功夫。心明了，并气一力无事不办。

尧舜吃尧舜的饭，干尧舜的事；周公吃周公的饭，干周公的事。尧舜不能预先替周公制礼作乐，同样，周公也不能预先替孔子删述《六经》。周公制礼作乐以"文"化天下是明道、明明德于天下，孔子删述《六经》去繁文也是明道、明明德于天下。孟子说孔子是"圣之时者"，这个"时"是这里说的"圣人遇此时，方有此事"之"时"，是感应时代必然要求的意思（不是鲁迅说孔子很摩登的意思）。也就是说，只有圣人能够与时俱进、因时施治，不守株待兔、夏天还穿棉袄。以"时"为基本前提的学说就圆活，刻板的教条主义则会刻舟求剑。

阳明说，讲求事变也是事变出来后的事，没有"未照之形先具者"。为"照"做准备的工作也就是把心镜擦亮，"只怕镜不明，不怕物来不能照"。怎样才能擦亮呢？阳明本人是儒释道兼修的，他教导学生有时候要强调静坐收放心，有时候要强调事上磨炼。内心放松到彻底空静的状态，反而能够万象森然于胸了。阳明说这个方法本来是动静一体的，如果跑偏了便有"病痛"（如喜静厌动、坐枯禅）。因此还要自觉地训练自己善思、善看。镜是一，无穷的物是不一，以一统万的道行在打通"一与不一"，动静一体、知行合一就是打通的办法。

喜静厌动是读书人成为聪明废物的一大病因。王阳明说过，以循理为主，处事中亦可宁静。但只以宁静为主，未必就是在循理。他后来说："志立得时，良知千事万为只是一事。"志立得了，

就是"意志有能"了。

　　阳明说："人一日间，古今世界都经过一番，只是人不见耳。夜气清明时，无视无听，无思无作，淡然平怀，就是羲皇世界。平旦时，神清气朗，雍雍穆穆，就是尧舜世界。日中以前，礼仪交会，气象秩然，就是三代世界。日中以后，神气渐昏，往来杂扰，就是春秋战国世界。渐渐昏夜，万物寝息，景象寂寥，就是人消物尽世界。学者信得良知过，不为气所乱，便常做个羲皇已上人。"（《传习录》第311条）这里用"夜"来比喻社会状况，隐括了公羊学的"三世说"，清明的夜与人消物尽的昏夜是治世与乱世的象征。阳明强调的是：人的精神力量是可以超越社会现状，臻彼状况的。

　　正德十年，阳明为天泽作《夜气说》，强调夜气（静）与白天（动）的相互依存的辩证关系，他先从感性知觉说文人喜欢的"夜晚现象"：师友相聚，谈玄论道，静谧的夜晚赋予了文人超越的情思，适宜灵魂进行创造性活动；他又转而告诫天泽，不能太迷恋夜晚这种孤寂的状态，太离群索居必会意怠志衰，这就失去了阳气的滋养。

　　　"良知在夜气发的，方是本体，以其无物欲之杂也。学者要使事物纷扰之时，常如夜气一般，就是通乎昼夜之道而知。"（《传习录》第268条）

　　这里又把夜气比作中庸至境的"未发之中"。明心见性的真功夫就是找到、养育这个"未发之中"。后来，他有个更简练的说法

是"良知就是独知"，静夜慎独，做够内圣功夫，心智才能超拔出众。静功是动功的本钱，在纷扰混乱中不动心；每临大事有静气，不随境转，不为气乱，是阳明最终能建成事功的心诀。

　　问："宁静存心时，可为未发之中否？"

　　先生曰："今人存心，只定得气。当其宁静时，亦只是气宁静，不可以为未发之中。"

　　曰："未便是中，莫亦是求中功夫？"

　　曰："只要去人欲、存天理，方是功夫。静时念念去人欲、存天理，动时念念去人欲、存天理。不管宁静不宁静。若靠那宁静，不惟渐有喜静厌动之弊，中间许多病痛只是潜伏在，终不能绝去，遇事依旧滋长。以循理为主，何尝不宁静？以宁静为主，未必能循理。"（《传习录》第28条）

　　"未发之中"在整个宋明儒学中都非常重要，在阳明学中尤其重要，因为心学训练内感觉，所以学生觉得存心定得气就是功夫了。但阳明说不够，还要再推进到循理上，因为"以宁静为主，未必能循理"。未发之中是内感觉的"体"，内感觉是未发之中的"用"。体用一元，同时修同时炼。阳明龙场悟道时"撒手悬崖"用的就是内感觉，自肯承当的就是未发之中——就是它了，够了，不再往别处转悠了（"吾性自足"）。

　　未发之中和发而中节也是人们整天说的中庸之道的核心。发而中节叫和，和谐的和。最高境界是即中即和、中和一体。阳明此

时还没有提出良知，用的还是旧说法，他后来就简化了：这个未发之中就是良知。

气定，只是表面功夫，体现不出深处的义理。犹如性刚的人也能不动心，但不是昭灵明觉那个不动心。气定是宁静，还有待于找到未发之中那种内感觉的本体。阳明怕学生跑偏，所以不认可他。阳明强调：只有去人欲、存天理才是建立未发之中那种内感觉的真功夫。在动时、静时都念念存天理，就不会喜静厌动，能遇事循理了。

"念念"是关键，人只要呼吸就念念不息。在念头一起时就去欲存理，是要求人们把自然活动升华为有意义的活动，犹如法国哲学家伊里加蕾呼吁的："从自然的生命呼吸到更细腻的呼吸，为了心，为了倾听和言说，也为了思考。"倒过来说则是："对精神的追求将把至关重要的基本呼吸转化成更细腻的呼吸，服务于爱、言说、倾听，以及思考。"（《建设同他者交互关系的未来》，载于《世界哲学》2012年3期）

阳明一生反复说："若只好静，遇事便乱，终无长进。"好静只是放溺，沉空守寂只会学成一个痴呆汉。他坚决主张在事上磨炼才是真做功夫。阳明的哲学是：万物皆备于我，要化任何不利因素为有利因素，"苟得其养，无物不长；苟失其养，无物不消"。要想长，就得想办法，得全面地"养"。任何故意跑偏、树敌的做法都是自作孽的傻瓜行为。阳明在强调转化时借助了道家的孤阳不生、孤阴不长的思想，也借助了禅宗"达则遍境是，不悟则永乖疏"的智量。

心学就像心一样灵动，不可强持。阳明的过人之处在于他能

将距离很远的学说合并为一，将儒、墨、释、道的精华一体化为心学。

王阳明之所以要强调屏去一切外道功夫，直奔那绝对存在又不依赖任何外缘的心本体，就是为了把经验世界悬搁起来，从而把这棵树上挂着的所有辞章讲诵之学一把甩开，像禅宗的"截断众流"法，一意去明心见性——然后再以见了性、闻了道的身姿回到"治国平天下"的正道上来。雅，雅得可上九天揽月；俗，俗得可下五洋捉鳖。真能明心见性了，就可雅可俗，通而无碍了。

他用禅师接机应化的方法指点学生，学生怎么说都会得到他的纠正。而凡是直接感受过其春风雨露的人，还真会从心眼里受感化，那种教主的魅力是难以用语言表达的。

九 虚灵不昧功夫

阳明对学生说："'虚灵不昧，众理具而万事出。'心外无理，心外无事。"（《传习录》第32条）

灵都是虚的，一旦实了就昧了，昧的基本义是昏蔽。所有的修行就是让灵不昧。一昧就无明了。虚灵不昧、灵知、不昧等词汇遍布佛学典籍（不同于三昧之昧）。它们当然是汉语翻译过来的，"灌注"了汉语的语义，但被佛典强势使用，自然充满佛学意味。儒家不得不借句于佛学以讲通"明德"等虚灵、虚知的义理，但又要负起社会责任，便来个批评性"拿来"。朱熹在《朱子语类》卷十四中说："明德者，人之所得乎天，而虚灵不昧，以具众理而应万事者也。禅家则但以虚灵不昧者为性，而无以具众理以下之事。"

阳明这里先引朱子注解《大学》"明明德"的话，然后又将其纳入"心外无理，心外无事"，因为朱子都承认了虚灵不昧是可以"具众理应万事"的，人能虚灵不昧的就是心。其内在的理路如下：理是先验的，事是经验的，心是意向的。没有"我"意向的发动、加入，先验的理对于"我"就不存在；没有"我"意向发动、加入，经验的事对于我也不存在。

虚灵不昧的要义在于随念随机地返观自身，没有这个返观，

人与其他动物就没有实质性的区别。这个返观也叫"逆觉"，是人主体性的建基，众理都是从此出来的，良知就是这个知觉性。《坛经·悟法传衣》："汝若返照，密在汝边。"

在良知状态下就能与圣贤"心心相印"（终日与圣贤印对），就可以"心意知物只是一事"，就可以时时刻刻在成圣的努力中。天理是自然合理的规则，是自然之道，心在"虚灵不昧"时才能与之吻合。

阳明经常指示学生去找"虚灵不昧"的心体。

所谓"虚灵不昧"是指心具有超越现实和各种妄念的能力。它是良知的存在样态，是心体的本然状态，所以它又是超越觉悟性的本源。说良知是光源自备的明镜，就是因为它自身是虚灵不昧的。

王阳明利用了深入人心的佛教和道教关于虚、无的思想成果，来强调良知"真是与物无对"，以建立良知的本体论。"仙家说到虚，圣人岂能虚上加得一毫实？佛氏说到无，圣人岂能无上加得一毫有？……圣人只是还他良知的本色，更不着些子意在。"（《传习录》第269条）因为一着些意思就"迷"了、"昧"了，有念念成邪。可以用佛教的"三身四智"来比喻阳明的良知学。良知如清净法身，是本体，是人之性；圆满报身是发用，是人之智；百千化身是相，是人之行。

"虚灵不昧"就是要将体、相、用一体化，三而一、一而三。找不到无，就找不到有。就连无和有也是一，不是二。

十 上达克己功夫

问上达功夫。

先生曰："后儒教人，才涉精微，便谓上达，未当学，且说下学。是分下学、上达为二也。夫目可得见，耳可得闻，口可得言，心可得思者，皆下学也；目不可得见，耳不可得闻，口不可得言，心不可得思者，上达也。如木之栽培灌溉，是下学也；至于日夜之所息，条达畅茂，乃是上达。人安能预其力哉？故凡可用功、可告语者，皆下学。上达只在下学里。凡圣人所说，虽极精微，俱是下学。学者只从下学里用功，自然上达去，不必别寻个上达的工夫。"（《传习录》第24条）

"下学上达"由孔子提出，程朱解作下学人事、上达天理。阳明独超直悟，将下学上达变成了用与体的关系。见闻言思是用，不得见闻言思是体。用以养体，便是下学上达。上达功夫只需在下学中求之，还必须自然集义而成，不能拔苗助长。更不能另寻一个上达功夫。

疏解开来说：凡是经验的都是下学，上达是对经验的超越、

升华。可以明言的是下学，包括圣人说的名言，尽管极精微，既然已经说出来了，就是下学。未可明言的是上达，"心不可得而思者"才是上达，因为一旦能被思考就被语言化了，又回到了经验的层面。阳明的比方很精彩："木之栽培灌溉，是下学也。至于日夜之所息，条达畅茂，乃是上达。"日夜所息用的是《孟子·告子上》"苟得其养，无物不长"，强调下学养上达的养，是润物细无声的养，不能刻意用力。上达的过程，是精神升华的过程，不是现成的，没有定在，不能强求，但它又确实在那里，是可以通达、拥有的。说白了，这是精神直觉能力及其成果。它是自然而然养育出来的，故意"用功""高语"都是拔苗助长。因为，凡有所相皆是虚妄，必须不执着不贪求，才能自然"条达畅茂"。也就是说，它是排斥功利性的目的、手段意识的，只能用审美的情怀滋养上达的悟性及其境界。如果硬用西学概念转译，上达功夫应当是本质直观的体悟功夫及其成就的境界。

一日，论为学工夫。

先生曰："教人为学，不可执一偏。初学时心猿意马，拴缚不定，其所思虑，多是人欲一边，故且教之静坐、息思虑。久之，俟其心意稍定，只悬空静守，如槁木死灰，亦无用，须教他省察克治。省察克治之功，则无时而可间，如去盗贼，须有个扫除廓清之意。无事时将好色、好货、好名等私逐一追究，搜寻出来，定要拔去病根，永不复起，方始为快。常如猫之捕鼠，一眼看着，一耳听着，才有一念萌动，即与克去，斩钉截铁，

不可姑容，与他方便，不可窝藏，不可放他出路，方是真实用功，方能扫除廓清。到得无私可克，自有端拱时在。虽曰何思何虑，非初学时事。初学必须思，省察克治，即是思诚，只思一个天理。到得天理纯全，便是何思何虑矣。"（《传习录》第39条）

灵猫捕鼠不是个一般性的比喻，是一个指令性隐喻，指导修炼的技巧。《五灯会元》等禅师语要中重复着猫捕鼠的方法："子见猫儿捕鼠乎？目睛不瞬，四足踞地，诸根顺向，首尾一直，拟无不中。子诚能如是，心无异缘，六根自静，默然而究，万无失一也。"猫先不动，动而能中。

心学主要是自我伦理学，虽然是自我修炼的伦理学，但依然具有把自己塑造成影响他人的主体的力量。心学人士多以此建功业。日本人说心学有两种影响，一是只守静而变成枯禅的，二是能建功立业的。阳明的训练步骤一是静，二是静中灵猫捕鼠，最后是不思虑。

静，是心体的本来属性，儒释道三家都强调静心，佛家之"清净心"影响尤其大。时间在流逝，世界在运动，唯有静下来才能找到深层次的东西。静能精一，静能往深里找、能致远。初学者尤其需要克服浮躁。灵猫捕鼠也是静中的动，阳明把它扩大到任何时候无间动静的"狠斗私字一闪念"。把私欲扫除廓清了，就"到得天理纯全"，就到了思而不思的状态。思而不思的意思相当于无意之意是真意，是人的本我、自我、超我浑然一体，没有了情与理的分裂，没有了知行歧出。思而不思、无意之意有着空静的灵性美。

永远都应该牢记阳明的教导:"教人为学,不可执一偏。"包括阳明执一偏时我们也要警惕。

问:"知至然后可以言诚意。今天理、人欲,知之未尽,如何用得克己工夫?"

先生曰:"人若真实切己用功不已,则于此心天理之精微日见一日,私欲之细微亦日见一日。若不用克己工夫,终日只是说话而已,天理终不自见,私欲亦终不自见。如人走路一般,走得一段,方认得一段;走到歧路处,有疑便问,问了又走,方渐能到得欲到之处。今人于已知之天理不肯存,已知之人欲不肯去,且只管愁不能尽知,只管闲讲,何益之有?且待克得自己无私可克,方愁不能尽知,亦未迟在。"(《传习录》第65条)

先不用管学生的问题,直接看阳明的说法。首先,天理、私欲不自见,真实切己用功才能见,这个"见"是显现的意思。天理不现成,需要用功才能显现,这个容易理解,为什么私欲也不自显现呢?这里的显现不是简单出现,而是成为问题——你意识到它是需要克服的私欲,这就不是现成的了。其次,真实用功是内圣之学的根本要求,闲讲、只是说话是章句之儒,乃至重格物不重诚意的朱子支离之学的必然表现。内圣之学是纵向的升华,支离之学是横向的扩展。用康德的话说就是自身思维的方向不同。自身思维是把理性运用于自身。内圣之学真实用功的方向是成德,积累的是德性之知;支离之学的方向是扩展闻见之知。最后,阳明是主张渐修的,"如人走路一

般，走得一段，方认得一段；走到歧路处，有疑便问，问了又走，方渐能到得欲到之处"。说阳明学主顿悟是误人的，悟了还得修，所谓的悟不过是疑情暂时稀释，还得"问了又走"。

"知至而后意诚"是《大学》经文，阳明有时候也重申这一点。心学是直承《孟子》，次重《中庸》，然后是《论语》和《易传》。朱熹重的是《大学》《论语》。学生的倾向是朱熹式的，是穷理——把天理人欲都知道了再来用功克己；阳明是尽性，只有尽性才是用功，"无私可克"是尽性了，那时你再发愁"不能尽知"也不晚。

阳明也说过："克己须要扫除廓清，一毫不存方是。有一毫在，则众恶相引而来。"（《传习录》第60条）

扫除廓清是清除心体上的自家意思，克己是恢复心体的纯洁性。别说逐物的名利心思，就是闲思虑也要不得，因为"有一毫在，则众恶相引而来"。这与佛教要求的"打妄想"相似。扫除廓清才能得到"清净心"。所有的修养功夫都要求不能刻意，一旦刻意，即使是好意也就都"拐"了。无意之意方为真意！

十一 常快活功夫

　　阳明指引的成圣之路绝不是苦行之路,他有个口头语:"常快活便是真功夫。"还爱说"胜得容易,便是大贤"。他对作为六经之一的《乐》,推崇备至,他绝不像卢梭那样反对演戏,他甚至认为"今之戏子,尚与古乐意思相近"。他说:"《韶》之九成,便是舜的一本戏子。《武》之九变,便是武王的一本戏子。圣人一生实事,俱播在乐中。"对于"诗言志"这样的老话题,他居然能新解为"志便是乐的本"。(《传习录》第297条)

　　他写信给黄勉之说:"乐是心之本体。仁人之心,以天地万物为一体,䜣(xīn)合和畅,原无间隔……时习者,求复此心之本体也。悦则本体渐复矣……时习之要,只是谨独。谨独即是致良知。良知即是乐之本体。"这样,致良知就变成找大快乐,让生命变成"欣悦的灵魂"的功课。

　　要想快乐,就得忘我,忘我才能成我。这个相反相成的通道包括两个支点:一是,以天地万物为一体,把小我与族类大我融为一体,"己欲立而立人,己欲达而达人",世界是大家的,同生共长,才能良性循环。二是,"君子之学,为己之学也。为己故必克己,克己则无己。无己者,无我也。世之学者执其自私自利之心,而自任以

为为己；潫（mǎng）焉入同隳（huī）堕断灭之中"。（《书王嘉秀请益卷》）也就是说，一是使我大起来，这叫扩充法；一是使我小至于无，这叫克己法。核心的出发点是一个：立志成圣，自我担当。担当的是只有自己成全自己的责任，快乐的根源也是自己成全自己。

阳明除了讲学就是亲近自然，已然"胸中无事"、陶然忘机、泰然自处。中外学者都曾关注阳明学的隐逸精神，它的确是阳明心理结构的一个重要元素。阳明好山水，无论是求学、隐修、行军，还是执政，一遇佳山胜水意必登临，一生修养颇得力于此，这些可算是穿插式隐逸了。不管是为了在官场自保，还是让自己在自然中陶然忘机，他都能"常惺惺"守住自己的觉性，保住那"超逸之足"，他的根本志向是"得道"。《思归轩赋》有言：

> 夫退身以全节，大知（智）也；敛德以亨道，大时也；怡神养性以游于造物，大熙也，又夫子之凤期也。

隐逸的关键是"敛德"，出离功名利禄、逃离主流规约，从而保住自己的"善根"。他觉得自己"得归"而后能"得道"，就"志全"，从而"化理而心安"了。

山中漫兴

清晨急雨度林扉，馀滴烟梢尚湿衣。
雨水霞明桃乱吐，沿溪风暖药初肥。
物情到底能容懒，世事从前顿觉非。

自拟春光还自领，好谁歌咏月中归。

他的《居越诗三十四首》篇篇都情景相生、化合无痕，是他这一生诗歌创作的顶峰。其中《山中漫兴》前四句写景耐心细致，为"世事从前顿觉非"做了有力的铺垫，结论是："自拟春光还自领，好谁歌咏月中归。"

这种诗意栖居的好日子高峰在嘉靖三年八月中秋节，他的守丧期已过，在越城区天泉桥的碧霞池上设宴。这次宴会有百十名学生"侍坐"，就像《论语·侍坐》所描绘的一样，只是王阳明这里有酒肉，规模也比孔子当年大多了。

酒喝得半酣，歌咏声起。人们都敞开了性子，自由活动起来，有的投壶，有的击鼓，有的泛舟。阳明心中很舒坦，找到了天人合一的意境，欣然吟出"道"在言说的《月夜二首》，用月来喻人、用月光喻人的自性：

其一

万里中秋月正晴，四山云霭忽然生。

须臾浊雾随风散，依旧青天此月明。

肯信良知原不昧，从他外物岂能撄（yīng）？

老夫今夜狂歌发，化作钧（jūn）天满太清。

良知如明月，外在的闻见道理便像遮月的云雾。云雾不碍月亮的明亮，去掉云雾，月光会更明亮。他告诫人们要守住自性，莫辜负

只有一次的人生，千万不能像汉学家、理学家那样去做制造云雾的工作，做支离破碎的学问，说朦胧影响的糊涂话，从而死不见道：

其二

> 处处中秋此月明，不知何处亦群英。
> 须怜绝学经千载，莫负男儿过一生！
> 影响尚疑朱仲晦，支离羞作郑康成。
> 铿然舍瑟春风里，点也虽狂得我情。

他想到的合适的人格典型，是那位说自己的志向是在春风中漫步、唱歌的曾点："铿然舍瑟春风里，点也虽狂得我情。"

阳明复述这一典故有以孔子自况之意，孔子的风格就是淡泊宁静、"无可无不可"，既不枉道求荣、降志辱身，也不隐居放言，只是从容中道。阳明认可的就是这个。

第二天，学生来感谢老师。阳明全面阐发了自己的意思：当年孔子在陈，想念鲁国的狂士。因为狂士不陷溺于富贵声利之场。我接受孔子的教义，脱落俗缘，所以我赞同曾点。但是人们若止于此，"不加实践以入于精微"，则会生出忽视世故和人伦物理的毛病，虽与那些庸碌猥琐者不同，但都一样是没有得道。我过去怕你们悟不到此，现在你们幸而见识到此地步，则正好精诣力造，以求于至道。千万不要以一见自足而终止于狂。他刻刻在念地警惕着"狂"，是敏感到认为心学后裔具有走入狂禅的可能。

阳明本人素来具体问题具体分析，保持动态中的恰好。有个

学生要到深山中静养以获得超越，阳明说："君子养心之学，如良医治病，随其虚实寒热而斟酌补泄之要，在去病而已，初无一定之方，必使人人服之也。若专欲入坐穷山，绝世故，屏思虑，则恐既已养成空寂之性，虽欲勿流于空寂，不可得矣。"（《王文成公全书·年谱》）他的方法论吸取了佛法的精华，但价值观力拒佛教遗弃现世的态度。进取超越，是他的基本心态，超越所有的既成体系是他的基本追求。更重要的是，他的体系是超实用而实用、超道德而道德。

王阳明一生功业在开门办学，因讲学而走上觉世行道的致良知之路。他的气质、秉性决定了他的教学风格，既不照本宣科地死抠经义，也不像朱子那样用注解经书的方式建立自己的哲学体系，更不为了科举考试而想办法外结学官内搞管制。他搞的是以"乐"为本的意术教育，据阳明的学生回忆，他"点化同志，多得之登游山水间"。领着学生白天去游琅琊山、玩濠泉之水。每逢月夜，就与学生牵臂上山，环龙潭而坐，彻夜欢歌，饮酒赋诗。百十人"歌声振山谷"（《年谱》）。

阳明的教法是诗化的、审美式的，注重改变性情和气质。他随地指点，想起什么说什么，快乐随心。

十二 知行合一功夫

阳明被贬官期间，徐爱不顾艰难，长途跋涉来到龙场。因为他不明白老师刚发现的知行合一之旨，却又意识到这是个真正的问题，想在与老师的直接交谈中找到具体可感的思路。

爱因未会先生"知行合一"之训，与宗贤、惟贤往复辩论，未能决，以问于先生。

先生曰："试举看。"

爱曰："如今人尽有知得父当孝、兄当弟者，却不能孝、不能弟，便是知与行分明是两件。"

先生曰："此已被私欲隔断，不是知行的本体了。未有知而不行者。知而不行，只是未知。圣贤教人知行，正是要复那本体，不是着你只恁的便罢。故《大学》指个真知行与人看，说'如好好色，如恶恶臭'。见好色属知，好好色属行。只见那好色时已自好了，不是见了后又立个心去好。闻恶臭属知，恶恶臭属行。只闻那恶臭时已自恶了，不是闻了后别立个心去恶。如鼻塞人，虽见恶臭在前，鼻中不曾闻得，便亦不甚恶，亦只

是不曾知臭。就如称某人知孝，某人知弟，必是其人已曾行孝行弟，方可称他知孝知弟，不成只是晓得说些孝弟的话，便可称为知孝弟。又如知痛，必已自痛了方知痛；知寒，必已自寒了；知饥，必已自饥了。知行如何分得开？此便是知行的本体，不曾有私意隔断的。圣人教人，必要是如此，方可谓之知，不然，只是不曾知。此却是何等紧切着实的工夫！如今苦苦定要说知行做两个，是甚么意？某要说做一个，是甚么意？若不知立言宗旨，只管说一个两个，亦有甚用？"

爱曰："古人说知行做两个，亦是要人见个分晓，一行做知的功夫，一行做行的功夫，即功夫始有下落。"

先生曰："此却失了古人宗旨也。某尝说知是行的主意，行是知的功夫；知是行之始，行是知之成。若会得时，只说一个知，已自有行在；只说一个行，已自有知在。古人所以既说一个知又说一个行者，只为世间有一种人，懵懵懂懂的任意去做，全不解思惟省察，也只是个冥行妄作，所以必说个知，方才行得是；又有一种人，茫茫荡荡悬空去思索，全不肯着实躬行，也只是个揣摸影响，所以必说一个行，方才知得真。此是古人不得已补偏救弊的说话，若见得这个意时，即一言而足。今人却就将知行分作两件去做，以为必先知了，然后能行。我如今且去讲习讨论做知的工夫，待知得真了，方去做行的工夫，故遂终身不行，亦遂终身不知。此不是小病痛，其来已非一日矣。某今说个知行合一，正是对

病的药。又不是某凿空杜撰，知行本体原是如此。今若知得宗旨时，即说两个亦不妨，亦只是一个；若不会宗旨，便说一个，亦济得甚事？只是闲说话。"（《传习录》第5条）

徐爱把人们知行分裂当作知行是两回事的证据，阳明一语破的：那是私欲隔断了知行本体，就像恶人行恶是失掉了善良本性一样。我教你们知行就是为了恢复知行合一的本来面目，不是人们常常那样做就是对的，你更不能拿弊病来当证据。知行歧出、言行不一是必须要纠正的，不是存在的就是合理的（不从诚意出发去格物，坏就坏在，破坏了知行合一）。《大学》已经指出了"真知行"——知行的真相："如好好色""如恶恶臭"，你的感知和反应是瞬间生成且高度一致的。感知就是知，反应就是行，合一合在"意"的发动，一念发动即知、即行。这就是知行合一的根，也是本体。

阳明要徐爱掌握立言的宗旨：这么说是要干什么呢，为了什么呢？《传习录》第226条说明白了知行合一的宗旨，是在一念发动处克倒私意："今人学问，只因知行分作两件，故有一念发动，虽是不善，然却未曾行，便不去禁止。我今说个知行合一，正要人晓得一念发动处，便即是行了。发动处有不善，就将这不善的念克倒了。须要彻根彻底，不使那一念不善潜伏在胸中。此是我立言宗旨。"

《传习录》的下卷是阳明晚年语录。阳明知行合一的宗旨一以贯之，特别提示一句：阳明的宗旨显出了他与佛教、道教的根本

区别，佛、道要建立的是虚灵心，他要建立的是道德心，他在哲学层面借重虚灵，在伦理层面标举道德。这是他的一个根本特点，读者诸君颇可注意。

已经从思维原点上说清楚了知行合一是"自然如此"的，接下来便要对症发药，正面确立应该怎么办的问题。徐爱想把问题引向深入，故意说古人分开说是为了"见个分晓"，以便"做功夫"（心学是把理论做成功夫的修养学）。阳明"行是知的功夫"这味药，要治疗的是"茫茫荡荡、悬空去思索"，是那些"只是揣摸影响"的空头思想家和他们画饼充饥式的瞎糊弄。"知是行的主意"这味药要治疗的就是"懵懵懂懂""冥行妄作"的人，他们没心没肺，完全不知道"思维省察"。前一种人"终身不行，亦遂终身不知"；后一种人乱七八糟地活，稀里糊涂地死。二者都不是小病痛。

这一篇讲透了知行合一，用的完全是日常生活经验的例证法，没有深奥的思辨逻辑，都是在人情上"理论"——这是中国哲学的根本特征，尤其是心学的拿手好戏：人情上正了，事变上才能通，因为事变都在人情中，天下事不出人情事变的范围。"知是行的主意，行是知的功夫；知是行之始，行是知之成。"这四句可以称为王学知行四句教。知行合一是知难行易还是知易行难是个热议话题。贺麟有感于徐爱死后阳明各派门徒绝少提到知行合一，而作《知行合一新论》。知行合一的显例是各种体育项目，尤其是武术，其中内家拳的一呼一吸、一招一式都是知行合一的。

知行如阴阳，是一体之两面，不可分开。未行的知是闻见之知、意见之知，不是真知，也不是本知。说它不是真知，因为它没

有落实到你的心意里，你没有体验内化它，它就不属于你，体验内化本身就是知行合一。这就是"意"的意义，意是着于物的，意到了就能把所有的问题拉回到"当下此即"，把所有的天文地理、郡国利病、天理人欲、治乱兴衰，都变成与你当下息息相关的问题。所谓知行合一就是知行"只是一个"。用他后来的话说就是："知之真切笃实处即是行，行之明觉精察处即是知。"知行只是同一功夫过程的不同方面，或者说是从不同的方面描述同一过程。这不但恢复真理的知觉性，而且也在呼唤直觉出真知。

阳明在贵州龙场悟道后，就开始讲知行合一，到徐爱记录这段话时，已经讲了五年了。这篇现存阳明文献中第一次正面谈说知行合一的对话，可注意以下几点：

一、知觉的当下性。私欲是劣质的知觉性，这种意念的发动隔断了未发之中——知行的本体。圣贤教人知行，正是要人复那本体，是恢复真理的知觉性。"如鼻塞人，虽见恶臭在前，鼻中不曾闻得，便亦不甚恶，亦只是不曾知臭。"感应是知觉性的原点，阳明从一念起处证明知行是一不是二。存在就是被感知，李约瑟赞叹王阳明比贝克莱、马赫们早二百多年发现了这个原理。牟宗三指出过阳明的立论不是基于认识论，而是整个的存有论。

二、语言虽然联系着思维与存在，但语言不能鉴定真伪。"就如称某人知孝、某人知弟，必是其人已曾行孝行弟，方可称他知孝知弟，不成只是晓得说些孝弟的话，便可称为知孝弟。"真知都是从心里体验出来的。阻碍真知的是"私意"，也就是成见。知行圆融的实践论拒绝广告。

三、因了知觉的当下性，心学强调诚意优先，诚意是知行合

一的起点。阳明改朱子《大学》宗旨把诚意放在首位，强调事有本末、知有先后，讲的就是知行合一的道理：正心诚意了才能格物致知，倒过来就会知行脱节，终身不行、不知。知行脱节、知行歧出是二重道德的病灶之所在。鲁迅一生都在和二重道德作战。二重道德比没有道德还坏，就好像没有正义的爱比没有爱还坏。

章太炎是国民革命的元勋，他原先对戊戌维新期望很高，因为党人被出卖而革命夭折，痛呼"无道德则无革命"，因此他呼吁用阳明的知行合一来重建革命道德，说这是第一急务，不吝辞色地标举阳明的"力为""躬行"精神。他为阳明建立了一个谱系：从子路到阳明是儒侠一系。

章太炎先生在《王文成公全书题辞》中说，"知行合一"之说为"子路之术转进者"。他说王阳明以豪杰抗志为学，要求人勇于改过而促为善，完全是子路闻过则喜、以行带知"儒侠"一系的。这一系的儒，自宋代而"金镜坠"。原话是：子路"奋乎百世之上，体兼儒侠"，而"至文成然后能兴其学，……邈若山河，金镜坠而复悬"。他指出了一个重要线索：心学种种，有大勇存焉。

在阳明学里，知行合一有两个更有感觉的表达。一个是"事上练"，还有一个是"忍耐着做"，忍耐着做是阳明一生做事的真谛。

知行合一是三教合一的有机主义，合了，才是出发点，才开始"行"，不然，知行合一也好，三教合一也好，都只是一个现成词语。一个现成词语没有感染力，所以王阳明就特意提了事上磨、事上练。你要光在嘴上说，比王阳明好的人多了，他们都当上大学士了。王阳明和那些人有什么区别？就是王阳明是干实事的。王阳明推崇的是尧、舜、禹的精神，他是个侠儒。冈田武彦说王阳明是行

77

动的儒家，突出知行合一的智慧，就是突出他行的那一面。

心学讲"知行合一"，完全把天理落实到意念、思维、语言、行为上，从"致良知"上得来力量。朴素点说，就是善良出能力。在现代社会，能力里面固然需要更多的技术要素，但是心态更能左右技术发挥作用，良知能够让你超越强横与脆弱，能让你谦抑、无畏地圆融。只有这样的知行合一，才能功夫上身。阳明一生反对只用嘴说，反对玩弄光景，他真做功夫，所以最后才能说出我心光明。那个光就是从心里长出来的，不然，死到临头的时候出不来。

知行合一难在哪里？难在良心。知行合一的内涵是说良心话、办良心事的问题。知行合一的成本也非常高，有时需要用"做人的全部代价"来支付。

十三 致良知功夫

关于阳明何时提出的"致良知",可谓众说纷纭。其实,阳明学的主旨是一致的,某个说法的具体提出时间不太重要。他后来曾多次激动地描述他一口道尽这千古圣学之秘的心情:"吾'良知'二字,自龙场已后,便已不出此意,只是点此二字不出,于学者言,费却多少辞说,今幸见出此意,一语之下,洞见全体,真是痛快!"

也就是说,自龙场悟道时,这"良知"二字已在他胸口盘桓了,他当时就已悟及于此,只是还差一点。为了这一点,他先是说"心即理",后又讲"诚意",讲"克己省察""收放心"和"知行合一"。大方向和基本路数是一致的,但都不如"致良知",一语之下洞见全体,既包含了本体,又包含了方法,还简易精一。他说:"某于良知之说,从百死千难中得来,非是容易见得到此。……不得已与人一口说尽。但恐学者得之容易,只把作一种光景玩弄,孤负此知耳。"由此凿凿可见,良知是感觉化的思想,是思想化的感觉。它在阳明心中口中也是百转千回、千锤百炼、千呼万唤才出来。

他口说良知的最早记载是在正德十四年(《年谱》说是在正德十六年)的南昌,陈九川从京城回到南昌,跟阳明说:"到'诚

意'上再去不得，如何以前又有格致工夫？"阳明回应："意未有悬空的，必着事物。故欲诚意，则随意所在某事而格之，去其人欲而归于天理，则良知之在此事者无蔽而得致矣。"此语记载在《传习录》，所以人们习惯认为《传习录》的记载才是标准的提出时间。

　　庚辰往虔州，再见先生，问："近来功夫虽若稍知头脑，然难寻个稳当快乐处。"

　　先生曰："尔却去心上寻个天理，此正所谓理障。此间有个诀窍。"

　　曰："请问如何？"

　　曰："只是致知。"

　　曰："如何致？"

　　曰："尔那一点良知，是尔自家底准则。尔意念着处，他是便知是，非便知非，更瞒他一些不得。尔只不要欺他，实实落落依着他做去，善便存，恶便去。他这里何等稳当快乐。此便是格物的真诀、致知的实功。若不靠着这些真机，如何去格物？我亦近年体贴出来如此分明，初犹疑只依他恐有不足，精细看无些小欠阙。"

　　（《传习录》第206条）

　　正德十五年的初夏，阳明在赣州，陈九川去赣州求教。阳明说的这个良知就是天赋悟性，上天赋予每个人的觉悟性。佛、觉悟者；圣，也是觉悟者。悟了以后叫觉悟，悟之前则是觉解力、知觉性。佛学的目标是成佛，必须破我才能成佛。儒学的目标是成

圣，必须致良知才能成圣。人人能成佛是因为人人有佛性，人人能成圣是因为人人有良知——这个诀窍是用"一本"对"万殊"，这个"一本"就是"尔那一点良知（自性）"，无须再往良知上装个天理，自性上不能有一物，所以最后有"无善无恶心之体"。诚实地"依着他去做"，便能"心体无蔽，临事无失"了。到"临事无失"时就是良知成良能了，一遇事变成一种本能反应，便体用一元、显微无间了。

这里句句提示的都是功夫，因为心学是本体功夫一元论，心中的良知是人人心中固有的"本觉"，圣人能够一直有此本觉是因为圣人悟了以后不再迷，而愚人被自己的理障欲蔽埋没了、弄丢了本觉。怎样才能找回本觉、致出良知来呢？此间诀窍或就在"凛然一觉"，只有靠心的"灵悟"。

第一，"正念头"的修养功夫。用良知作准则，"尔意念着处，他是便知是，非便知非，更瞒他一些不得。尔只不要欺他（做人最怕欺心），实实落落依着他做去"，就把念头端正了。念头正了，至少可以解决"开头""入手"问题。阳明现场教学，是有针对性的，像陈九川这样已经会自己"推"自己的学生，关键就要"正念头"。

第二，凛然一觉出滋味。阳明对陈九川说："人若知这良知诀窍，随他多少邪思枉念，这里一觉，都自消融，真个是灵丹一粒，点铁成金。"（《传习录》第209条）觉悟性就是这诀窍的开关，把握住了就能自我成就，不怕念起，就怕觉迟。觉悟的滋味从"提撕之，其沛然得力"处出。如果"忽易"，就不会得"滋味"。所谓"提撕"也叫"操持"，就是"操存舍亡"——提住觉悟性

81

良知就存，放弃了觉悟性良知就亡（没有）。"滋味"则是稳当快乐，在儒门谱系中快乐的标兵是颜回，"人不堪其忧，回也不改其乐"，因为颜回有巨大的内心资源、滋味满满。念头正了，"只要在良知上着功夫"就是保持这"凛然一觉"的觉悟性。点铁成金靠的是知觉性翻转，烦恼即菩提。

但这"一觉"是不允许自封或用嘴说的。口头功夫脚不点地，就是单凭聪明悟到此，与做功夫做到此也有天壤之别。

第三，绵密保任良知，功夫不能断。功夫一断，就会被私意遮蔽。断了就赶紧"继续旧功便是"。有一次，一个和尚问阳明禅定功夫，阳明问他："禅家有杂、昏、惺、性四字，汝知之乎？"和尚说不知道。阳明说："初学禅时，百念纷然杂兴，虽十年尘土之事，一时皆入心内，此谓之杂；思虑既多，莫或主宰，则一向昏了，此之谓昏；昏愦既久，稍稍渐知其非，与一一磨去，此之谓惺；尘念既去，则自然里面生出光明，始复元性，此之谓性。"（束景南《王阳明散佚语录辑补》）黄绾回忆先师正是这样训练他的，还让他读《坛经》。欧阳德回忆先师说过："致知存乎心悟。"阳明说圣人就是能够保全良知的人。学人即是学做圣人，学做圣人并不难，"只是终日与圣贤印对"。良知是心印。

阳明说："工夫节次"没有别的奥妙，就是保持"致良知的主宰不息"。

第四，"事上为学"功夫不断。禅宗讲究一个"那边会了，来这边践履"（南泉普愿禅师），阳明最为典型。高僧往往不理尘世俗务，只有气节，难有功业，只有高远意境，难以救时济世。而阳明则明确地说过"致良知便是必有事的工夫"（《传习录》第

330条），阳明的公式是：致良知就是格物。譬如审案子，"不可因其应对无状，起个怒心；不可因他言语圆转，生个喜心；不可恶其嘱托，加意治之；不可因其请求，屈意从之；不可因自己事务烦冗，随意苟且断之；不可因旁人谮（zèn）毁罗织，随人意思处之。这许多意思皆私，只尔自知，须精细省察克治，惟恐此心有一毫偏倚，杜人是非，这便是格物致知。簿书讼狱之间，无非实学，若离了事物为学，却是著空。"（《传习录》第218条）。阳明说，这样在格物上用功，是"有根本的学问"；流行的儒学让人到事事物物上去讨寻，是"无根本的学问"，终会放倒、憔悴。

阳明之所以找到"致良知"这个诀窍后大快平生，就是因为这样可以内外一体了：出则救时济世、致良知于现实人事；处则静养心体、致良知于心灵发育。

细心知微以入德。阳明说："良知至微而显，故知微可与入德。唐虞授受，只是指点得一'微'字，《中庸》不睹不闻，以至无声无臭，中间只是发明得一'微'字。"（束景南《王阳明散佚语录辑补》）细微处才是"得力处"，才出"入德"的滋味。陆九渊就是细微处忽易，才"粗"了。笼统了，就马虎。心学的简易直接配置着细微入德功夫。

问："先生尝谓'善恶只是一物'。善恶两端，如冰炭相反，如何谓只一物？"

先生曰："至善者，心之本体。本体上才过当些子，便是恶了。不是有一个善，却又有一个恶来相对也。故善恶只是一物。"

直因闻先生之说，则知程子所谓"善固性也，恶亦不可不谓之性"。

又曰："善恶皆天理。谓之恶者本非恶，但于本性上过与不及之间耳。"其说皆无可疑。（《传习录》第228条）

这话他多次说过：善恶都是人性，是一体的。只是过了或不及就是"恶"，是非也是个"当下"是否恰好的问题。只有坚持知微入德这种"悟后修"，才能临事不失，本能反应即恰到好处。

阳明一生不厌其烦地再三申说：本体境界必须靠实功夫才能达到，本体论与功夫论必须合一。阳明教学生的时候，总是让他们从灵魂深处去"炼"良知来。并举自己格竹子的例子，说"致良知"是自己用大半生提炼出来的口诀心法，绝不是有口无心者皆可耍弄的套话、口号。若过滤掉其生命证验的信息、遗弃掉其中的生存智慧，只是掉书袋地比证，便是在以学解道，若是白捡过来贪便宜地说现成话便是在"玩光景"。

不实地做功，即便手举"指南针"也还是"两张皮"，是在用天理良心吓别人，还有"我的人欲便是良知，你的良知也是人欲"。这种"道德巨人"太多了，阳明的良知学说本是要根治这个痼疾的，最终还是被这个痼疾给利用了去。

阳明给邹守益写信说："近来信得'致良知'三字，真圣门正法眼藏。往年尚疑未尽，今自多事以来，只此良知无不具足。譬之操舟得舵，平澜浅濑，无不如意，虽遇颠风逆浪，舵柄在手，可免没溺之患矣。"

有一天阳明喟然长叹，陈九川问："先生何叹也？"

王阳明说："此理简易明白若此，乃一经沉埋数百年。"

陈说："亦为宋儒从认知解上入，认识神为性体，故闻见日益，障道日深耳。今先生拈出'良知'二字，此古今人人真面目，更复奚疑？"

这话完全用了佛教的原理和术语（如"识神""性体"）可见佛学在心学内部的影响力。佛教认为识神不退修不出大智慧，修不出性德、性本。

王阳明的论证办法很感人："然。譬之人有冒别姓坟墓为祖墓者，何以为辨？只得开圹将子孙滴血，真伪无可逃矣。我此'良知'二字，实千古圣圣相传一点滴骨血也。"但这个动人的"转喻"只是表达了一种心情——既不能证真也不能证伪——尽管他说的是真的。他的"良知"二字的确相当成熟漂亮地表达了孔孟真精神，在习惯了以圣学为真理标准的论证网络中，能够认祖归宗，他的论证也算到位了。但是这种话语相当于文学评论——赞同还是反对全凭接受者的感觉，信自信，疑自疑，千古如斯。思想真理对接受者来说还就是"自家吃饭自家饱"，各人识得自家那片月，但当王门信徒后来倡导"现成良知说"，便瓦解了良知的真含义。

王阳明提倡心学以来，就自觉地抵制"不落实用功"的倾向，对求教者一律要求以"存天理去人欲"为本。如果要问"之所以"什么，就自己去求"是因为"什么。他从来不一口喷出个天理。天理若是不从自家心头养出来，那不成欺世盗名者皆天理的特使了吗？"致良知"这种神圣又神秘的功夫不也就变成搞文学评论了吗？但良知若只是哑巴吃黄连有苦说不出，它还能光芒万丈长吗？

阳明也有哑巴感："近欲发挥此，只觉有一言发不出，津津

然如含诸口，莫能相度。"——就是说不出来。说完之后，沉默良久，这种时候，他的学生都不敢打扰他，都知道更有重要的话在后头，可是这回却是归于无言："近觉得此学更无有他，只是这些子，了此更无余矣。"针对仰慕他的学生，王阳明说："连这些子，亦无放处。"这绝对是高僧在参玄机，他的真实意思是自己已到达至高无上的"无"的境界，万物皆化，与天地万物和大道为一体了。其实他是达到了一种超语言的神秘心证境界。良知就是这么一种觉悟性，一拿出来标榜、宣传就不再是良知了。理解良知也需要这样的知觉性。我总觉得阳明说不出时是他一生最良知时。

阳明学以良知为宗，别的提法都是阶段性的教学方针。他一生说良知随机发用，时而偏天理，时而偏感应，时而偏无，时而偏有，总体上不妨这样理解：良知是明镜，这个明镜是有自性的，其自性可以示现为无，却能显现有。这镜子的光源不在外头，在心本体。因为心即天，心即理，心即宇宙。所谓心学，就是以心为体、以心为用的意术。天人合一是天心合一，人的一生事态纷呈、林林总总不出"人情事变"，而事变亦在人情中。阳明说"心意知物，只是一事"。我们要做的无非是致良知，致者，找也、实现也、落实也。从修行功夫上说是找，从行起坐卧、五行八作、应变料敌等等行为上说是实现、落实。致良知是人心和人生的总纲。只有纲举才能目张。

阳明的教学艺术出神入化：或语或默，都是"盘活"心中一念的机缘；举手投足，皆是调教心地的入机之处。让学生体验日见"精明"、调出超越的精神状态，每个人都给自己安上"反光镜"。

有的学生太矜持，阳明说这是毛病，因为"人只有许多精

神，若专在容貌上用功，则于中心（胸中）照管不及者多矣"。有的人随便直率，阳明又说这是毛病："如今讲此学，却外面全不检束，又分心与事为二矣。"

有的学生作文送别朋友，又觉得这种做法有问题，一是作文时费心思，二是过了一两天后还想着，就请教该怎么办。王说："文字思索亦无害。但作了常记在怀，则为文所累，心中有一物矣，此则未可也。"有的作诗送人，王看过说："凡作文字要随我分限所及，若说得太过了，亦非修辞立诚矣。"

良知是至善至美，但他不主张强行致良知（"助"），但也不放任（"忘"），只是"今日良知见在如此，只随今日所知扩充到底；明日良知又有开悟，便从明日所知扩充到底，如此方是精一功夫。与人论学，亦须随人分限所及。如树有这些萌芽，只把这些水去灌溉。萌芽再长，便又加水"（《传习录》第225条）。若用一桶水一下子去浇一个小芽，便浇坏了它；用滚烫的开水则貌似灌溉，实为谋杀了。

有人问："您说读书只是调摄此心，但我读书时总有一些科举功名的念头牵引出来，不知该怎么克服。"王阳明说："只要良知真切，虽做举业，不为心累；总有累亦易觉，克之而已。"那人又问："可我资质平庸，免不了被这些念头牵累，怎么办呢？"阳明又说："关键是立志。志立得时，良知千事万为，只是一事。读书作文安能累人？人自累于得失耳。强记之心、欲速之心、夸多斗靡之心，有良知即知其不是，即克去之。如此，亦只是终日与圣贤印对，是个纯乎天理之心。任他读书，亦只是调摄此心而已，何累之有？"说完这一套他浩叹一声："此学不明，不知此处担阁了几多英雄汉！"

他说："吾教人致良知，在格物上用功，却是有根本的学问。日长进一日，愈久愈觉精明。世儒教人事事物物上去寻讨，却是无根本的学问。方其壮时，虽暂能外面修饰，不见有过，老则精神衰迈，终须放倒。譬如无根之树，移栽水边，虽暂时鲜好，终久要憔悴。"（《传习录》第239条）有根本的学问就有诗意。因为根本本身就是诗性。

良知是虚的，功夫是实的。这虚实之间的要害是个"诚"字。知行合一是训练诚意的功夫。良知前冠一"致"字，恰到好处地点出了正意、诚意及其用力过程。不但诚则明、不诚无物，而且不诚就没有力量。有智无力，即此智还是无智。无智无力的行只是冥行妄做。知行合一这个"一了百了"的功夫又恰恰是需要"苟日新，日日新，又日新"的功夫。

把握住良知这个根本，然后加以所向无敌的推导，便是他教学生的简易直接的方法。人是可以成圣的，就看想不想成了。要真想成就克己省察，时时刻刻致良知，用阳明的话说叫"随物而格"，让良知之觉悟性、知觉性变成"自然而然"的良能。

有人用"知之匪艰，行之惟艰"这句圣训来怀疑知行合一的命题，阳明说："良知自知，原是容易的。只是不能致那良知，便是'知之匪艰，行之惟艰'。"（《传习录》第320条）根据心学原理，"不能致"是"不肯致"的意思。人们只肯顺着自己的私心杂念任性而行，不肯顺着"天则"真修实炼。"只顺其天则自然，就是工夫。"如同打太极拳"一分松一分功"，因为松了才"顺其天则"，这与"心空才明"是一个道理。

他跟同学们说："吾与诸公讲致知格物，日日是此，讲一二十

年俱是如此。诸君听吾言，实去用功，见吾讲一番，自觉长进一番。否则，只作一场话说，虽听之亦何用？"（《传习录》第327条）格物致知的关键在于领会、真干、实修。

寻找虚灵本体，须于不可见的世界多下功夫，主要是于"见不可见"的能力下功夫。这个见不可见的能力，主要在心，不在眼。然而眼睛、视觉却是通心的。视觉也是觉悟性的一种。因为视觉自身能够想象、有超出自身的能力。梅洛－庞蒂在《眼与心》中说："这种能力告诉我们，一丁点儿墨汁就足以让我们看到森林和风暴，那么视觉就一定有其想象之物。"眼与心统一于见性——能够见的性。一个学生用佛门公案来问"见性"问题："佛伸手，问众见否。众曰见。佛缩手于袖，问还见否。众曰不见。佛说还未见性。学生不解意义。"阳明说："手指有见有不见，尔之见性常在。"阳明的回答和《楞严经》中佛的回答一模一样，关键是你的"见性"。你能发挥"见性"，即使是盲人也能知道有手在。能不能见不在目力而在心力，能力的根源在自性，能见的根在见性。就像爱因斯坦说的，不是轮子在转，而是轮子性在转。他觉得更关键的问题在于"人之心神只在有睹有闻上驰骛，不在不睹不闻上着实用功。盖不睹不闻是良知本体。戒慎恐惧是致良知的工夫。学者时时刻刻常睹其所不睹，常闻其所不闻，工夫方有个实落处"。（《传习录》第329条）

有的学生重复他的话，将不睹不闻理解成本体，将戒慎恐惧理解成功夫。阳明马上加以修正，说二者是合二为一的，若"见得真"，理解得透，倒过来说"戒慎恐惧是本体，不睹不闻是功夫，亦得"（《传习录》第266条）。

他对来自远方的求学者说："诸公在此，务要立个必为圣人之心，时时刻刻，须是一棒一条痕，一掴一掌血，方能听吾说话句句得力。若茫茫荡荡度日，譬如一块死肉，打也不知得痛痒，恐终不济事。回家只寻得旧时伎俩而已，岂不惜哉！"（《传习录》第331条）像所有的宗教要求"起信"一样，心学要求必须发起成圣的信心。他常常这样教训那些大弟子："汝辈学问不得长进，只是未立志。""你真有圣人之志，良知上更无不尽。良知上留得些子别念挂带，便非必为圣人之志矣。"（《传习录》第260条）

圣人就是良知人，但你要非当圣人不可，反而有了别念挂碍。立志是调整诚意的起脚功夫。发起成圣的信心就能诚意，诚意就可以见性，找到良知，找到了良知就找到真理了。阳明的思路一言以蔽之，便是治世成圣人。

一个学生说他在私意萌动时，分明自心知得，却不能立即克服。阳明说："你那个知得，便是你的命根。当下即去消磨，便是立命功夫。"（参见《传习录》第333条）学生问道心人心。他说："'率性之谓道'便是道心。但着些人的意思在，便是人心。道心本是无声无臭，故曰'微'。依着人心行去，便有许多不安稳处，故曰'惟危'。"（《传习录》第250条）那个"知得"就是觉悟性，就是良知的知觉性，所以是命根。当下去消磨，就是"致"，致良知就是这样的立命功夫。

问："'思无邪'一言，如何便盖得三百篇之义？"

先生曰："岂特三百篇，《六经》只此一言便可该贯，以至穷古今天下圣贤的话，'思无邪'一言也可该

贯。此外更有何说？此是一了百当的功夫。"（《传习录》第249条）

这是纯洁思想的努力，将正心诚意贯彻于读书治学中，当然也是种宗教化的独断论话语。但是人心又必须是活泼泼的，不活泼的心便是死心了。大热天，他拿着扇子，也让学生用扇。学生说：不敢。他说：圣人之学，不是这等捆缚苦楚的，不是装作道学的模样。

他跟学生这样讲孟子和告子的不动心：孟子说不动心是集义，所行都合义理，此心自然无可动处。告子只要此心不动，是把捉此心，将他生生不息之根反而阻挠了。不但无益，反而有害。"孟子集义工夫，自是养得充满，并无馁歉；自是纵横自在，活泼泼地，此便是浩然之气。"（《传习录》第272条）

心学训练的是思维感受力，譬如一个学生觉得，子在川上曰"逝者如斯"是说自家心性活泼泼的。阳明继续点化："须要时时用致良知的功夫，方才活泼泼地，方才与他川水一般。若须臾间断，便与天地不相似。此是学问极至处，圣人也只如此。"（《传习录》第253条）致良知的效验就是能与天地一体，还得时时与天地一体。一气流通，便天渊自在、真机活泼泼的。一旦不与天地一体，良知便被遮蔽了，又回到了凡俗世界。

所谓做功夫，或者说学问功夫，就是为了摆脱俗谛的桎梏。"于一切声利嗜好俱能脱落殆尽"，这个还是可以做到的，只有生死念头是"从生身命根上带来，故不易去。若于此处见得破，透得过，此心全体方是流行无碍，方是尽性至命之学"（《传习录》第

278条）。过得了生死关，才算修行成了，也就能从自负其尸、虽生犹死的行列超度出来，找到了日子值得一过的支撑点，差不多等于起死回生了。

但怎样才能见得破、透得过呢？他说："只为世上人都把生身命子看得来太重，不问当死不当死，定要宛转委曲保全，以此把天理却丢去了。忍心害理，何者不为？若违了天理，便与禽兽无异，便偷生在世上百千年，也不过做了千百年的禽兽。学者要于此等处看得明白。"（《传习录》第254条）

一个朋友问："欲于静坐时将好名、好色、好货等根逐一搜寻，扫除廓清，恐是剜肉做疮否？"阳明严肃地说："这是我医人的方子，真是去得人病根。更有大本事人，过了十数年，亦还用得着。你如不用，且放起，不要作坏我的方子。"那个朋友惭愧无地。过了片刻，阳明说："此量非你事，必吾门稍知意思者，为此说以误汝。"在坐者皆悚然。（《传习录》第279条）

良知这么难把捉，因为良知本是《周易》之"易"："良知即是《易》，'其为道也屡迁，变动不居，周流六虚，上下无常，刚柔相易，不可为典要，惟变所适'。此知如何捉摸得？见得透时便是圣人。"（《传习录》第340条）

阳明的这些教法机智生动，不免让人眼花缭乱，其精髓在一"诚"字。诚，既是未发之中，也是发而中节。只有诚了才能澄明，诚是于相离相、于空离空的澄明之境；诚了才能开觉悟性，诚是无私心杂念的无念状态，无念念即正，有念念成邪。诚之所以重要，因为迷误由己、损益由己。良知即是独知时，良知即是诚意时。

良知，不管说得多么玄，它必须让人在生活中感到它的妙

用，才能在一个讲究实用的种族当中被使用，这个作用便是一个学说或一个思想体系的意义和价值了。阳明的良知之道不是一个研究纲领，而是一个以人为出发点和目的的构造纲领。它想根本改变人与世界的关系，通过提高人的精神能力来改变生存状态——中国的儒、释、道都是"感性学"，它们的思辨方式都是美学法门，都想把美学变成意义生成论。

这种感性学的工作原理是文学原理，就是说它滋养人性、移人性情的作用和过程都是改变人的感觉。王阳明看不起诗文，是因为那种诗文不能直指人心，不能让人当下开悟，没有多大的精神动员力量，不根本、不究竟。但是文学原理是儒释道三家共用的走廊。佛学其实也是文学，靠想象建立体系，靠想象和比喻说服人。心学和佛学是伟大的精神哲学，都用意念法作用于人的感性感情体验，论证方法也是比喻、人情化的类推，思辨也是诗意的，它们都能塑造出人的新感性、新的人格。

王阳明曾对九川讲："此'致知'二字，真个是千古圣传之秘；见到这里，百世以俟圣人而不惑！"（《传习录》第211条）后来九川真去用心体验，却又出了新的问题，他问老师："此功夫却于心上体验明白，只解书不通。"阳明说："只要解心。心明白，书自然融会。若心上不通，只要书上文义通，却自生意见。"（《传习录》第217条）

几个学生侍食，阳明随地指点良知："凡饮食只是要养我身，食了要消化；若徒蓄积在肚里，便成痞了，如何长得肌肤？后世学者博闻多识，留滞胸中，皆伤食之病也。"（《传习录》第220条）

黄以方问："先生格致之说，随时格物以致其知，则知是一节

之知，非全体之知也。何以到得溥博如天、渊泉如渊地位？"翻译成西学术语就是，黄认为这个"知"还是得由经验积累（随时格物）的"认识"，是知识学的"知"，而非"大全之知"、根本信仰——形而上的智能发射基地（天渊）。

这又是根本性的一问。不能证明这一点，就不能证明良知万能，致良知也就不能统一思想、取代以往的思想体系（如理学）。而阳明是以取代它为目标的，做不到这点，他自己也会认为并没有成功。

阳明手指蓝天说："比如面前见天，是昭昭之天，四外见天，也只是昭昭之天。只为许多房子墙壁遮蔽，便不见天之全体。若撤去房子墙壁，总是一个天矣，不可道眼前天是昭昭之天，外面又不是昭昭之天也。于此便见一节之知，即全体之知；全体之知，即一节之知。总是一个本体。"

因为只有一个本体，所以直接知道了本体，就知道了全体，一即大全。这是从知的对象上说，阳明在另外一条语录中，又把所有的对象都推到太虚上，把良知也推到太虚上，用太虚做本体，都是一个太虚，所以致良知也就获得了"全体之知"。他有时也把"无知无不知"的良知比作"无照无不照"的太阳。这一条语录中他把良知比作天、渊——天渊：

> 人心是天渊。心之本体无所不该，原是一个天。只为私欲障碍，则天之本体失了。心之理无穷尽，原是一个渊。只为私欲窒塞，则渊之本体失了。如今念念致良知，将此障碍窒塞一齐去尽，则本体已复，便是天渊了。

（《传习录》第222条）

这与当年"心即理"的论式是一样的，只是将理换成了天；"渊"则给予心一种生成、创造的能力，于是一通俱通，一塞俱塞。心之天渊的功能，不是一句思辨的大话，而是心学全新的起点。这个起点就是恢复感性的本体论地位，它并不指望全面解决知识论问题。

在心学以前的各种学说中，都将人看成一种结果，而人自身的自发性，以及由自发性决定的多种可能性——人自身的存在，都被遗忘了。致良知为了恢复这多种可能性而唤醒一种澄明的意识状态。各种知识是有终点的，而澄明的状态则只是起点，不仅超越有限又无情的知识理性，也超越蛮横的唯我主义。所以，它应该是最无危险的开发自性的真理。阳明是想找一个超验从而万能的依据，赋予它不证自明、永远有效的权威性、真理性，好像一找到良知就得到了神启，就正确无误了。

良知良能本一体也。阳明说："知良能，是良知；能良知，是良能。此知行合一之本旨也。"（束景南《王阳明散佚语录辑补》）

良知、良能互根互动，好像阴阳鱼合成太极，还不是静态的平面图，而是涡轮状的，动静一体、彼此难辨的。良能是本能，良知是本知。人们都忘了"本"，被各种习性牵缠遮蔽。致良知的基本功是：静坐收放心（阳明一生坚持静坐，在官衙里一旦得空就静坐），克各种私心杂念。这叫作"慎独"，良知就是独知时。静下来能够见"体"，动起来能够见"用"，静如站桩，动如打拳。纯真的良知是觉悟性，不关乎思想、利益的直觉，没有附着物的知觉

性。束景南《王阳明散佚语录辑补》："佛氏本来面目，即吾圣人所谓良知。工夫本体大略相似，只佛氏有个自私自利之心，所以不同。佛氏外人伦，遗物理，固不得谓之明心。"如果能在人伦物理上证得"本来面目"，就是致良知功夫了。阳明比佛氏还更坚持不二法门。

良知是体、用、相三位一体的，一即三，三即一。束景南《王阳明散佚语录辑补》："盖心即道，道即天，知心，则知道、知天矣。欲见此道，须从此心上体验始得。"又说："心不可以动静分，体用，动静时也。即体而言，用在体，即用而言，体在用。谓静可见体，动可见用，则得。精神言动，大率以收敛为主，发散是不得已。"谁能真正地心领神会，谁就功夫上身了。

面对滔滔汹汹的流氓行径大行其道，阳明不得已在"用"上发散良知的语义。道德化的解释：良知是知良的意思，知道"是是非非""善善恶恶"。这是浅而言之，深而言之是超道德的，是与天通、与天理通的（道德只是天理的一小部分）。这一通天的意思就是后来他四句教的第一句"无善无恶心之体"。天人合一是天心合一。束景南《王阳明散佚语录辑补》："此学如立在空中，四面皆无倚靠，万事不容染着，色色信地本来，不容一毫增减，若涉些安排，着些意思，便不是合一工夫。"

　　知是理之灵处。就其主宰处说，便谓之心；就其禀赋处说，便谓之性。孩提之童无不知爱其亲，无不知敬其兄，只是这个灵能不为私欲遮隔，充拓得尽，便完完是他本体，便与天地合德。自圣人以下不能无蔽，故须

格物以致其知。(《传习录》第118条)

良知是意义通道，它本身必须虚灵才"通"，不通不是道。通了就"心意知物，只是一事"。只有诚才能虚灵不昧。

阳明最爱举的例子就是好德如好色。孔子说我未见好德如好色者也，阳明则是希望人要像好色一样好德。为了帮助大家找到感觉，我在下面的释义就不追求所谓的概念严谨了：

良心：一种澄明的情欲，是精神的能量。其神韵在不如此则寝食难安，是种无私的操心强迫症。

良知：生命本源性的知觉。所谓"不虑而知"就是强调其本源性，这个本源性是说人人先天共有良知，从这个意义上说良知是现成的，但是就像命能够丢，良知也能丢。命丢了找不回来，良知丢了可以找回来，但只能从自身找，不能从外头找。所谓丢往往是被别的活埋了。用减法，把压着良知的去掉，良知就显现出来了。静坐养心的功夫意义在于此。或者用扩充法：让善根仁心义端（端是萌芽的意思）充满你的生命感觉。

良知本身"无知无觉"，同时又"无不知""无不觉"；良知既"虚寂"（本无知），又"明觉"（无不知）。这个合起来的"虚明"才是"本然之良知"。为什么？或者说何以可能？阳明说："心无体，以天地万物感应之是非为体。"（《传习录》第277条）心之本体实是"无体"，必须通过天地万物感应来呈现其"体"。这是儒者"万物一体"观的极致，因为"无（知）"才能"一"（万物的共性在太虚中一致）；只有"无不（知）"才能"体"（良知与万物同感共应）。真正的心学功夫在"感应之几"上。

阳明反复勾勒过这个功夫次第：心之本体是至善的，恶是失本体，在心体上无法做"去恶"功夫；心体一旦发动，就不能无善，于此处才能用功，用了实功便能诚意；意既诚，"则其本体如何有不正的？故欲正其心在诚意，工夫到诚意，始有着落处"（《传习录》第317条）。但是怎样才能"诚意"呢？这就需要"致知"（即致良知），知一念善便"去好（hào，动词）善"，知一念恶便"去恶（wù，动词）恶"，致知功夫的核心在"为善去恶"；为善去恶即心学之格物，当然只是端正伦理态度，不是科学地认识世界。在心学这里，正心、诚意、致知、格物"本是一贯"，它们首尾相衔，圆如太极。诚意以下是具体功夫，格物致知"即诚意之事"，正心是通过诚意功夫所达到的境界，所以说"正心是未发边，心正则中"（《传习录》第88条），"常要鉴空衡平，这便是未发之中"（《传习录》第119条）。功夫不在本体上做，只能在感应上去做，做到"鉴空衡平"就无不知了。这叫作"即用求体"。如同"生生之谓易"之易本身，是我们不能增减一毫的，但可以从简易、交易、变易、不易等等体现出"易"道来。心学是心易、心艺，感觉化的思想、哲学化的艺术。

因此，它才是检验是非的标准——阳明接着说："这些子看得透彻，随他千言万语，是非诚伪，到前便明。合得的便是，合不得的便非，如佛家说心印相似，真是个试金石、指南针。"（《传习录》第208条）还有："人若知这良知诀窍，随他多少邪思枉念，这里一觉，都自消融。真个是灵丹一粒，点铁成金。"（《传习录》第209条）这里一觉，揭示了良知是觉悟性这一本质。

单凭聪明悟到此与做功夫做到此，实际上有着天壤之别。用

阳明的话说，"颖悟所及，恐未实际"。因为这种感觉化的思想是必须"体证""体悟""体验"的"行己"的情操，不是逻辑技巧或概念知识。不能行的知不是真知。

把做人与做学问统一起来就是不支离的身心之学。无论什么人都有一个活着的支点问题。心学是找支点，良知是"普世价值"，个人良知是具体的，还得自己找，不然，良知也成了套路。

墨子说，盲人也知道黑白的界说，但让他挑选具体的黑白之物，他便不知道哪个是黑哪个是白了。所以，说盲人不知黑白，不是因为盲人不知黑白之名，而是因为他不能辨黑白之实。同样的道理，高谈仁义的人，说得那个漂亮可以胜过大禹，但让他们在仁与不仁之间选择时，便不像说的那么漂亮了。可以说，这样的人不知道仁义，就像盲人不知黑白一样。

自从人结成类以后，"名"就日益掩盖，甚至取代了"取"。学术的积累和传承都在膨化着"名"，名是"知"，可以层累，而"取"是"行"，是每个人的直接经验，不能直接代际层累。怎样才能知行合一、"名取"一体？就是得做功夫，培养新感性。但是官方教育的宗旨，是如何"取"到"名"，权力资源叫"名器"，谁学好了那个名，就成了器。这就不免以学解道，消行入知。于是，仁义道德，就成了"三岁孩童都道得，八十公公行不得"的街头广告，当人们要用仁义道德之名来窃取荣华富贵时，言行不一就成为普遍的人性炎症。

阳明摸索出来致良知之路，是要让心回到"无善无恶"的纯真地带，从外在的观念之网中解放出来。对于不研究天文、地理，只关注人性的中国古代人文观念来说，关于人性的定义是这观

念之网的"纲"。然而关于人性的定义也只是短暂的士民协议。谁垄断了这个制定话语的权力，谁就是这个时期的真理发射者。真理是人说的，而人是能够说出任何"真理"的。没有人愿意承认自己只是在铸造偏见，于是人类意识的万花筒便成为各种打扮成真理模样的偏见集合方阵。所以，心学要求复归心本体以摆脱假相，回到纯真。

这很难很难，比孙悟空逃出如来的掌心还难，因为须广泛重建人的意识结构。王阳明将"心"论证为先验的直觉，既独立于实用，也独立于道德。因此它能够让人走出"意必固我"的洞穴，走出闻见道理带给你的井蛙之见，这才能"自力更生"。当你的"自性"能够成为"心王"，你就成功了。心学是把理性快乐化的感性学、身心学、成功学。心学近事远看，远事近看，高度随机，又万变不离心宗，从而真诚地沿着大道行进。

要想活出本真的人之味，就必须从沉沦的泥淖中超拔出来，去蔽解缚，明心见性，恢复自性的自然生机，从而超凡入圣。用扩张良知的方法，即用自我的力量来完成自我，让生命去照亮生活，而不是用生活剥夺生命。"今日良知见在如此，只随今日所知扩充到底；明日良知又有开悟，便从明日所知扩充到底。"不为任何外在的功利目的丢失"自我"，又不陷入那种束身寡过、一事不为的怯懦境地。要从心髓入微处痛下自治功夫，既抗拒循规蹈矩的虚伪，又拒绝欺骗。告别颟顸（mān hān）糊涂、竞奔险狡、自私自喜、自暴自弃等自己活埋自己的活法，不做世俗、境遇或情欲的奴隶。自力更生，增强自己的善良和能力，当你的善良能够给你超强能力的时候，你就活出自己来了。

"学自性出"，思想是思想家的感觉。庞蒂在《哲学赞词》中说："如果人们首先看到的是结论就不会有哲学；哲学家不寻找捷径，他走完全部道路。"他接着总结道：柏格森是与种种事物的联系，柏格森主义是已经获得的意见的汇集；柏格森不得安宁，柏格森主义很安心；柏格森主义使柏格森变了形。王阳明和王阳明主义也是这么回事，也是这个命运。

心学不是佛学，你信它，它也不会保佑你。心与物的关系，一般人是"逐物"，仙佛人士是"绝物"，理学是"格物"，心学是"胜物"。所有的心法都在想如何胜物，都想造成"我顺人背"的时势、时机。都想，不等于都能。能够如此的也未必是能力够如此，也许正好是"机运"使得如此了。单靠心法未必能成功，还要看大形小势，心学主要是想解决一个开端正（"中"是未发之体）、感觉对（"和"是已发之用）的问题，具体操作该咋样就得咋样，如打仗就得按打仗的套数来。心学是修炼心的行动力的功夫学。

我们痛苦是因为我们无能，人的能力从哪里来？王阳明说是从人人具有的心力来。心无力谓之庸人，而歹徒强盗之辈心力高强却天良丧尽，这个问题怎么解决？怎样才能心力强、天良盛呢？王阳明说得知行合一、静虑息欲、致良知。致良知的人是善良有能的人，是能够善良出才能的人，是拥有善良之才能的人。静虑息欲这个办法的要领是摆脱思维定式（成见），从而明白活泼地做出个最好来。时至现代社会，心力只是能力的基础，能力里面须有更多的技术要素，心态能左右技术的发挥使用，鉴空衡平的良知态能够让你超越强横与脆弱之上，能让你最谦抑、最无畏地圆融起来。

如果说文学是心软学，那么心学就是柔心学。这个柔是中气充实内力的弥漫之柔，可以以柔克刚的柔，不是软弱无力的柔。一个没有弹性的心脏是个完蛋得差不多了的心脏。天下之至柔能攻天下之至刚。太极就是太虚，良知就是太虚。如果活得太实在、不透气了，全然不知道"意义在虚"的道理，就不能灵、柔。不能柔活虚灵，就不能担当人性最大的可能性。老子教孔子以柔克刚，王阳明的致良知教给世人的是柔心成真人：仁人以明心，爱仁而见性。

十四 寻道问功夫

问："看书不能明，如何？"

先生曰："此只是在文义上穿求，故不明。如此，又不如为旧时学问，他到看得多，解得去。只是他为学虽极解得明晓，亦终身无得。须于心体上用功，凡明不得，行不去，须反在自心上体当，即可通。盖《四书》《五经》不过说这心体，这心体即所谓道。心体明即是道明，更无二。此是为学头脑处。"（《传习录》第31条）

"心体"，是个意义生成结构，是给意义世界奠基的原初基础，是能见能知的那个"能"。在"能"上用功，犹如擦亮镜子。如果只是在语言文字上穿求，则是在"所见"上耗费心力。这就颠倒了本末，到老也难"明"了。

心体上用功就是在"喜怒哀乐未发之中"上养浩然之气，养良知、良能；往浅处说是用心去体会、体认、体证义理——"正念头"。心灵之学不同于"旧时学问"（传统的汉学、考据学），那种学问看得多、解得出就算能"明"了。当然，与心体无关的知识、考证学问是外在的，不养心不上身。

心学的一个根本要求是反求诸心，就是这里提出的"反在自心上体当"，在自心上体察通不通。"当"有二义，一是对不对，二是承担、担当，觉得不对就继续体察，觉得对了就诚意承当。

尽管阳明有时反对区分道心、人心，但有时也将它们分开单用。此时说的心体就是道心，就是未杂人欲之私的本心，这个心之本体明了，"道"就明了，就与天地相似了——"圣人到位天地，育万物，也只从喜怒哀乐未发之中上养来"。这是心学的通道，当然是为学的头脑处。

阳明常常将心之本体简称为心体。心体和心的不同在于心还包括着心之用，体用合一才是心，喜怒哀乐是心之用，从用找体、在用的过程中修炼体是心学的基本路数。人与人的区别在心之用上，人与人相通的在心之体上。承认心之体是"人人可以致良知、人人可以成圣贤"的基础。心学"借用修体"与佛学借假（身体）修真（佛性）的理路是一样的。

用的根据在体。体是用的结构性能量的源泉。常说心支配着视听言动，其实是心体支配着视听言动，视听之所见、所闻是心体之能见、能闻给予的。心体是灵明的生发结构，比心更加内在化。阳明用"知"来概括心体的特征接通了"理"与"诚"，知的中性义是"明觉"。不私为仁，不蔽为知。知则明，明则通。觉是能明的能力。也就是说知觉性是心体的结构与功能。

心体和心显然是不同的范畴，"心体"是"能视听言动的"，视听言动之"事"不外于"心"。阳明认为"这心之本体，原只是个天理"（《传习录》第122条），因此他所反对的是在心体之外求理。阳明常说的心外无理主要是指心体外无理。

谁在心体上用功呢？心在心体是用功。

心怎么在心体上用功呢？主要是"意"回到心体去正心，使得心体更加精一，从而保证所发之意更加合乎天理。

阳明的好朋友湛甘泉也主张"人心与天地万物为体，心体物而不遗，认得心体广大，则物不能外矣"（《与阳明鸿胪》，《甘泉文集》卷七）。这也是在强调心能够"体物不遗"（"体"是体现、反映的意思）。但他俩依然有分歧，一生都在争论。在阳明看来，甘泉虽然认为物不能外于心，但还是在心体外求理，这仍然是在向外求。阳明比甘泉多了一个心与心体的区分，比甘泉更精微、更深入。他进一步要求"若解向里寻求，见得自己心体"（《传习录》第66条），向里寻求，就是找能见的根据，见得自己的心不是泛泛的心，而是心之本体。他后来把心本体叫作良知，现在还是笼统地说"知是心之本体"，换成大白话就是，心体即在心内更加朝里的地方。

　　澄曰："好色、好利、好名等心，固是私欲。如闲思杂虑，如何亦谓之私欲（为什么也算私欲）？"

　　先生曰："毕竟从好色、好利、好名等根上起，自寻其根便见。如汝心中，决知是无有做劫盗的思虑，何也？以汝元无是心也。汝若于货色名利等心，一切皆如不做劫盗之心一般，都消灭了，光光只是心之本体，看有甚闲思虑？此便是寂然不动，便是未发之中，便是廓然大公！自然感而遂通，自然发而中节，自然物来顺应。"（《传习录》第72条）

在整个宋明儒学中有个通用逻辑：未发之中的心是廓然大公的，一动不合天理的念头就会失去"中"和"公"。

阳明心学更彻底：把未发之中的心叫作心体，一动念就离开了心体。心体和天道相通，廓然大公。顺着心体的是善，逆着心体的是恶。"闲思杂虑"不一定恶，但肯定是来自经验界的东西。为什么它们是私欲呢？私是相对廓然大公而言的，有了挂碍，就已经离开了未发之中，出离了心体，不再是心之本体那寂然不动的状态，反而是在贪婪和恐惧之间摇摆，所以也必须克服。

克己省察的大部分精力就是克服这些，真正的好色、好利、好名的念头不如闲思杂虑家常。阳明很幽默，说这个学生没有做强盗的思虑，因为你压根就没有这个心，所以大脑也想不到那里。要是把好货、好色、好名、好利的心思克服干净，就像没有做强盗的心一样；同样，把柴米油盐酱醋茶这类闲思杂虑也像做强盗的心一样去掉，便"光光只是心之本体"了，哪里还有什么闲思杂虑？"光光只是心之本体"就是《中庸》所要求的中和境界，这个中和境界又可分成两层，一个未发之中，这是中；发而中节是和。光光只是心之本体，是说心处在没有人欲的澄明状态，这个状态是"廓然大公"的，因此是能够"感而遂通"的，这样就由第一层的"中"进入到了第二层的"和"，发而中节就是怎么做都对头了，因此也就能"物来顺应"了。

这是"正意"功夫。一个人的生命品质、思维质量很大一部分取决于闲思杂虑的内容，愚夫愚妇之所以是愚夫愚妇，就是因为他们只有闲思杂虑。《楞伽经》卷三："凡愚妄想，如蚕作茧，以妄想丝自缠缠他，有无有续相计著。"海德格尔说闲谈是沉沦的

途径，也是这个道理。

薛侃本是在重复老师的话："持志如心痛，一心在痛上，安有工夫说闲语，管闲事？"却也得到纠正，王阳明说："初学工夫，如此用亦好。但要使知'出入无时，莫知其乡'。心之神明，原是如此，工夫方有着落。若只死死守着，恐于工夫上又发病。"（《传习录》第95条）

初学时"念念不忘"是个抓手，心无旁骛，不说闲话，不管闲事，这样功夫才有着落。感觉到了一种超拔的精神力量，自然会有不同凡常的精气神。但如果死死守着，就又着了相，执着于念头，精神就不能空灵，心就失去了灵明。这就属于练功却练出毛病来了。因药发病叫作药源性疾病，功夫上发的病叫跑偏。

学生问："寻常意思多忙，有事固忙，无事亦忙，何也？"

阳明答："天地气机，元无一息之停。然有个主宰……若主宰定时，与天运一般不息……若无主宰，便只是这气奔放，如何不忙？"（《传习录》第104条）

阳明又说："无事时固是独知，有事时亦是独知。人若不知于此独知之地用力，只在人所共知处用功，便是作伪，便是见君子而后厌然。此独知处便是诚的萌芽，此处不论善念恶念，更无虚假，一是百是，一错百错，正是王霸、义利、诚伪、善恶界头。"（《传习录》第120条）他多次重申良知正是独知时。"独知"比"慎独"更深刻、主动，是敢于担当的心印。"只是在人所共知处用功，便是作伪。"

王阳明对学生说：你终日向外驰求，为名为利，这都是为着躯壳外面的事物。其实视听言动，皆由你心。你心之视，发窍于

目；你心之听，发窍于耳；你心之言，发窍于口；你心之动，发窍于四肢。心并不专是那一团血肉。若是那一团血肉，你看那已死之人，那团血肉还在，但他的视听言动在哪里？去了计较分量的心，就去了功利心。

澄问："有人夜怕鬼者，奈何？"

先生曰："只是平日不能集义，而心有所慊，故怕。若素行合于神明，何怕之有？"

子莘曰："正直之鬼，不须怕；恐邪鬼不管人善恶，故未免怕。"

先生曰："岂有邪鬼能迷正人乎？只此一怕，即是心邪，故有迷之者，非鬼迷也，心自迷耳。如人好色，即是色鬼迷；好货，即是货鬼迷；怒所不当怒，是怒鬼迷；惧所不当惧，是惧鬼迷也。"（《传习录》第40条）

集义是孟子教导的养浩然之气的根本方法。简单地说就是积善，积累正义的情愫。平时不集义，正气就不够，就会害怕鬼魔。《孟子·公孙丑上》说浩然之气："其为气也，配义与道；无是，馁也。是集义所生者，非义袭而取之也。行有不慊于心，则馁矣。"慊，有满足和不满足这两个意思，孟子用的是满足，阳明用的是不满足。孟子说做了亏心事，心气就会疲软；阳明说不集义的话心气就不足，心气不足就会害怕。同样的道理，不积累正义就会心邪，"一怕即是心邪"。心自迷是佛教的话头，说的是迷悟由己的道理。

怕鬼是存养不够。阳明只说了鬼迷人方面的事，这些固然是自己可以负起责任的。不过，子莘的问题是：邪鬼不管你心眼好坏都要收拾你；就像歹徒不管你惹不惹他，他都可能害你。这该怎么办呢？王老师没有解答。神鬼怕恶人，是否恶人集恶集到满，就也啥都不怕了？

> 澄在鸿胪寺仓居，忽家信至，言儿病危。澄心甚忧闷不能堪。
>
> 先生曰："此时正宜用功。若此时放过，闲时讲学何用？人正要在此等时磨炼。父之爱子，自是至情。然天理亦自有个中和处，过即是私意。人于此处多认做天理当忧，则一向忧苦，不知己是有所忧患，不得其正。大抵七情所感，多只是过，少不及者。才过便非心之本体，必须调停适中始得。就如父母之丧，人子岂不欲一哭便死，方快于心？然却曰'毁不灭性'，非圣人强制之也，天理本体自有分限，不可过也。人但要识得心体，自然增减分毫不得。"（《传习录》第44条）

在忧闷不堪时磨炼什么？磨炼让感情处于中和状态。此时忧闷是人之常情，但若一直忧苦便过了中和。阳明说"过即是私意"，提醒我们私意不仅仅是自私自利，还包括感情过当。《礼记·礼运》说："喜、怒、哀、惧、爱、恶、欲，七者弗学而能。"《三字经》说："曰喜怒，曰哀惧，爱恶欲，七情具。"人们在七情上过的多，不及的少，所以《大学》才提醒人们"有所忧患，则不

得其正"。譬如父母逝世，子女哭出来心里才舒服，但哭死过去就又不得正了。所以《孝经》《礼记》上都要求"毁不灭性"，放纵痛苦情感也是纵欲。

无论阳明说得多么有理，我还是觉得有点教条主义。阳明在自己奶奶去世的时候比陆澄忧闷多了；而且他父亲去世时，他"一恸而绝"。好像人对长辈无论多哀痛也是天理，但对孩子忧闷就越过天理的分限了。不过，总体上王阳明正是这样用功的。平定宁王叛乱，天下谤议纷纷，他的一个学生居然也参与揭发批判他，阳明看到以后勃然大怒，但他立即控制情绪，提醒自己此时正是用功时。

"才过便非心之本体……人但要识得心体，自然增减分毫不得。"让我们对心体有了具体认识。心体是中正的、空灵的，其本身也是不容许过分的。阳明说："非圣人强制之也，天理本体自有分限，不可过也。"过分激情、冲动都是没有识得心体，突破了天理本体的分限。从这里我们就可以理解心体即天理了。

有一天，薛侃在清除长在花间的杂草时说："为什么天地之间的善难培育，恶难除去？"

王阳明说："这是没有培育，也没有去除的原因。"

过了一会儿，他又说："像你这样看待善恶，是从躯壳起念，肯定是误解。"

薛侃不理解。王阳明说："天地间的生物，花草一般，什么时候有善恶之分了？你要看花，便以花为善，以草为恶；如果要用草时，便又要以草为善了。此等善恶，都是因你的好恶而生，所以是错误的。"

薛侃是善于深思的，他追问："那就没有善恶了？万物都是无善无恶的了？"

王阳明说："无善无恶者理之静，有善有恶者气之动。气不动，即无善无恶，这就是所谓的至善。"

薛侃问："这与佛教的无善无恶有什么差别？"

王阳明说："佛一意在无善无恶上，便一切都不管了，不可以治天下。圣人的无善无恶，是要求人不动于气，不要故意去作好、作恶。"

薛侃问："既然草非恶，那么就不宜去掉草了？"

王阳明说："你这便是佛家、道家的想法了。如果草对你有碍，为何不去掉？"

薛侃说："这样便又是作好、作恶了。"

王阳明说："不作好恶，不是全无好恶，像那些无知无觉的人似的。我所说的'不作'，只是好恶都要遵循天理，不必刻意添一分意思。如此，就是不曾好恶一般。"

薛侃问："除草的话，怎么做就算遵循天理、不添意思了？"

王阳明答："草有妨碍，理亦宜去，去之而已；偶尔没拔，也不累心。若着了一分意思，心体便有拖累负担，便有许多动气处。"

薛侃问："按您这么说的话，善恶全不在物了？"

王阳明答："只在于你的心，循理便是善，动气便是恶。"

薛侃说："说到底，物无善恶。"

王阳明说："在心是如此，在物亦是如此。那些俗儒就是不知道这个道理，才舍心逐物，将格物之学看错了，终日驰求于外，终身糊涂。"

薛侃问："那又怎样理解'如好好色，如恶恶臭'呢？"

王阳明答："这正是遵循天理。是天理合如此，本无私意作好恶。"

薛侃说："'如好好色，如恶恶臭'，难道没有添个人的意思？"

王阳明说："那是诚意，不是私意。诚意只是遵循天理。虽是遵循天理，也添不得一分意，故有所好恶则不得其正，须是廓然大公，才是心之本体。"

另一个学生问："您说'草有妨碍，理亦宜去'，为什么又是躯壳起念呢？"

王阳明有些不耐烦了，说："这必须你自己去体会。你要去除草，是什么心？周濂溪窗前草不除，是什么心？"（参见《传习录》第101条）

这时，周围已经拢来许多学生，王阳明对他们说："若见得大道，横说竖说都能说通。若此处通，彼处不通，就是未见得大道。"

这一段说话，是《传习录》的精华，点透了良知是虚灵通道的工作原理，不可添私意，不可动于气。他这种思想后来发展为"天泉证道"的四句教，核心便是"无善无恶心之体"。

对意识与思维的教育既虚灵又实在。善于组织的王阳明知道单兵教练的局限，他从办龙冈书院起就开始摸索制度，最后形成讲会制度。讲会以他晚年在龙泉寺中天阁做得最成熟。每月的初一、初八、十五、二十三会讲。他于壁上题书以勉诸生："予切望诸君，勿以予之去留为聚散，或五六日、八九日，虽有俗事相妨，亦须破冗一会于此……相会之时，尤须虚心逊志，相亲相

敬。大抵朋友之交，以相下为益，或议论未合，要在从容涵育，相感以成；不得动气求胜，长傲逐非，务在默而成之，不言而信。其或矜己之长，攻人之短，粗心浮气，矫以沽名，讦以为道，挟胜心而行愤嫉，以讦族败群为志，则虽日讲时习于此，亦无益矣。"禅宗的师父会说阳明"老婆心切"了。讲会制度是从心里"组织起来"，在明朝时一度很成气候。

> 问："孟子言'执中无权犹执一'。"
>
> 先生曰："中只是天理，只是易，随时变易，如何执得？须是因时制宜，难预先定一个规矩在。如后世儒者要将道理一一说得无罅（xià）漏，立定个格式，此正是执一。"（《传习录》第52条）

孟子原话的大意是：杨子主张为我，墨子主张兼爱。鲁国的贤人子莫主张中道。主张中道便接近正确了。但是如果主张中道不灵活、不懂变通，便是执着于一偏（执中无权犹执一），这样有害于仁义之道，"举一而废百也"。

有人说问王阳明这个问题的是冀元亨。冀元亨心诚主一，可能他觉得怎么区分主一和执一是个问题，主一和执一的外在表现都是一根筋。宁王和宦官觉得冀元亨执一，阳明觉得他主一。区分的关键要看他坚持的是什么了。阳明强调"中只是天理，只是易（道）"，天理是不能僵化的，一僵化就成了杀人机器——"以理杀人"。

阳明从本体功夫一体化的层面承认天理是易道，这非常了不起，是阳明与那些腐儒和僵化之儒的根本区别。易道的核心是生生

不息、变动不居，抗拒任何格式化的东西，永远强调"点对点"的恰好。阳明一生吃够了那些"将道理一一说得无罅漏"的亏，那些正统大儒总嫌阳明举动不合"格式"，因为阳明"出格"，所以认为王学是伪学。

通权达变是孔孟的一贯要求。《论语》把"权"放在最高层次："可与共学，未可与适道；可与适道，未可与立；可与立，未可与权。"因为即使守道卓然，知常而不知变者，也是精义未深、没有全乎圣智。《孟子》："嫂溺，援之以手者，权也。"权的本义是秤砣。《孟子》："权，然后知轻重；度，然后知长短。"

问："名物度数。亦须先讲求否？"

先生曰："人只要成就自家心体，则用在其中。如养得心体，果有未发之中，自然有发而中节之和，自然无施不可。苟无是心，虽预先讲得世上许多名物度数，与己原不相干，只是装缀临时，自行不去。亦不是将名物度数全然不理，只要'知所先后，则近道'。"

又曰："人要随才成就，才是其所能为，如夔（kuí）之乐、稷（jì）之种，是他资性合下便如此。成就之者，亦只是要他心体纯乎天理，其运用处，皆从天理上发来，然后谓之才。到得纯乎天理处，亦能不器。使夔、稷易艺而为，当亦能之。"

又曰："如'素富贵行乎富贵，素患难行乎患难'，皆是不器（不偏的意思），此惟养得心体正者能之。"（《传习录》第67条）

自家心体成就了，就能从心里把握大千世界；自家心体未能成就，无论你干什么都是个庸人。有体才有用，无体之用犹如没有源头的水。陈寅恪批评中国道德追求有用，不究虚理。追求成全心体的王阳明跳出了这个泥淖，他究虚理，先"成就自家心体"，并锤炼出心学。这个成就的标志是"不动心"，阳明说"用兵无他术，就是个不动心"，指的就是这个。他朋友说他去江西剿匪必成功，因为其心"触之不动矣"，指的也是这个。人们常常从有用的角度赞美阳明，正中齐泽克的嘲讽：二流人物，即使多么恭敬地赞美一流人物，也是喜剧性的。

其实，阳明心学大有用处的地方在可以"通文化生命之源"（牟宗三），能拨陈迹而通慧命，能开拓变化，为民族文化生命立道路。杜维明说阳明学是"源头活水"，即有此意。

阳明在塘边坐着，旁有井，故以之喻学："与其为数顷无源之塘水，不若为数尺有源之井水，生意不穷。"

阳明的意思很明显：心体是为学之源。他后来称良知为"天渊"。阳明把心上体认、亲证比喻为井和池塘，没有心体的亲证支援，就没有了"源泉"和"生意"；没有源头活水就不会"不穷"。智者乐水，阳明就非常喜欢水，绝大多数诗篇里都有水。水的流逝显现了生命一息不停的真相，水是"存在与时间"的本真意象。

澄问："喜怒哀乐之中和，其全体常人固不能有。如一件小事当喜怒者，平时无有喜怒之心，至其临时，亦能中节，亦可谓之中和乎？"

先生曰："在一时一事，固亦可谓之中和，然未可

谓之大本达道。人性皆善，中和是人人原有的，岂可谓无？但常人之心既有所昏蔽，则其本体虽亦时时发见，终是暂明暂灭，非其全体大用矣。无所不中，然后谓之大本；无所不和，然后谓之达道。惟天下之至诚，然后能立天下之大本。"

曰："澄于'中'字之义尚未明。"

曰："此须自心体认出来，非言语所能喻。中只是天理。"

曰："何者为天理？"

曰："去得人欲，便识天理。"

曰："天理何以谓之中？"

曰："无所偏倚。"

曰："无所偏倚是何等气象？"

曰："如明镜然，全体莹彻，略无纤尘染着。"

曰："偏倚是有所染着。如着在好色、好利、好名等项上，方见得偏倚；若未发时，美色名利皆未相着，何以便知其有所偏倚？"

曰："虽未相着，然平日好色、好利、好名之心，原未尝无；既未尝无，即谓之有；既谓之有，则亦不可谓无偏倚。譬之病疟之人，虽有时不发，而病根原不曾除，则亦不得谓之无病之人矣。须是平日好色、好利、好名等项一应私心扫除荡涤，无复纤毫留滞，而此心全体廓然，纯是天理，方可谓之喜怒哀乐未发之中，方是天下之大本。"（《传习录》第76条）

陆澄问的是：一个人在一件事面前保持中和状态，算不算中和？因为那种哲学级别的中和的确不是人人能够具备的。

阳明说算。然而不是那种天下大本的中，天下达道的和。《中庸》："中也者，天下之大本也。和也者，天下之达道也。"这个"全体大用"的中和是人与自然的法则，是天道与人道通为一的天理。一个人在一件事上的喜怒得当是小的中庸之道；还有个大的中庸之道作为理想悬在头上，与灿烂星空一起感召人们努力向善。

阳明说："人性皆善，中和是人人原有的。"这是儒学教化之基，不相信这一点就会像秦始皇和秦二世那样直接用暴政来扫荡一切了。但是，原有不等于现在就有。常人之心常常被昏蔽，中和之心体有时候发动表现，有时候又不发动、不表现了，心光"暂明暂灭"。所以我们必须立大志，用大的中庸之道来提升小的中庸之道，达到"无所不中"的大本境界、"无所不和"的达道境界。当每个人都努力诚意，达到"天下之至诚，然后能立天下之大本"——这显然是大同盛世才有的人文奇观。

陆澄并没有被老师的豪迈感染，还是关心一个人的中庸："我对'中'字的含义还是不明白啊，老师。"阳明说："这必须是你自己掏心窝子地体悟亲证，不是任何语言能够表达的。"因为它不是知识，灵明的境界不是能靠概念推理等间接途径获得的。如果硬要用概念来限定，那只好说"中只是天理"。

陆澄问天理是什么。阳明倒果为因地说："去得人欲，便识天理。"陆澄下一个问题很有质量：为什么天理是中？天理是有伦理含义的，中是没有伦理含义的，这等于把伦理问题引向哲学问题。阳明的回答也是哲学级别的：因为无所偏倚是天道之理。

陆澄又问："无所偏倚是什么境界？什么状态？"阳明答："就像干干净净、没有半点尘埃的镜子一样晶莹剔透。"这样看来，中相当于佛教的空。阳明就经常借用佛教的思维技巧和语词。

陆澄便沿着净染往下问："偏倚是有所染着，染上好色、好名、好利等，已经着了相，自然是偏倚了，但是未发出来的美色美名尚未着相，怎么能判定就是偏倚呢？"这就深入到未发之中的内里去了。阳明的回答也随之深入到潜意识："即使现在没有表现出来、没有着相，但平时好色、好名、好利之心却未尝无，既然未尝无，那就是有。既然有，就不能说没有偏倚。就好像疟疾病人，即使不发抖，也不能说他没有病。"

最后阳明的结论是：我们必须立下弘规大愿，平时把好色、好名、好利等私心杂念一个都不少地打扫干净，丝毫不留，此心才能廓然大公、纯是天理，才是喜怒哀乐未发之中，才达到天下之大本、达道。

十五 如何做功夫

克服动怒

动怒是必须要克服的，人一怒就没有理性了。林则徐就给自己写过两个字叫"制怒"。

打架时，你需要逼怒对方，这样对方就该使蛮劲了。你给他轻轻地一拨，他就杵那儿了。打仗也是一样，刘备要打陆逊，陆逊总共五万人，刘备倾家而出了七十五万大军。刘备必须速战速决，要是耽误一年，这么多人吃多少粮食就不用说了。然而陆逊死活不出来迎战，刘备就让那些士兵轮班骂陆逊的祖宗三代，骂得陆逊底下的将士们都要出去迎战。但陆逊就是不出去，要等到刘备出现弱点。

天气越来越热了，刘备要依水草处下寨，这样凉快一些。这个时候机会来了，陆逊就给刘备放了一把火，火烧连营七百里，一下就把刘备的大部队烧光了。刘备不敢回去了，在白帝城见了见诸葛亮，交代了下后事，就死了。他这一辈子谦虚谨慎，最后狂了一把，结果前功尽弃。就像拿破仑，百战百捷，但在滑铁卢一战全部归零。

王阳明在平定宁王叛乱后，搜获了大量的信件。这些信件里有一封是他平日很看重的一个学生写的，内容是向朝廷污蔑王阳明和宁王有私交。别人告他也就罢了，自己亲近的学生也告他。王阳明勃然大怒，这简直是狼心狗肺、恩将仇报啊。王阳明气得不行，但也不断克制怒气，慢慢平息下去。他这里是拿自己举例子说制怒的重要性。他自己不说这事，我们也不会知道。

王阳明所谓"在事上磨"，就是说碰见类似这种被人诬陷的事，也要好好克制怒气、磨炼自己。

坚守信念

王阳明平定宁王叛乱，他不接受宦官的要挟，这叫格物。不然就成被物格了。心学智慧的核心是直觉，"良知即直觉"，"格物即格斗"。你格不了它，它就把你格了；你没把它拿下，它把你拿下了。

我们都知道王阳明平了宁王反叛，这个时候正德皇帝自封为正国大将军，化名朱寿。他底下那帮人叫王阳明把宁王放到鄱阳湖上，让皇上亲自去捉拿他，打一回水战过过瘾。王阳明说：这不是拿老百姓的性命开玩笑吗？宁王的余党还在肆虐呢。于是就说自己只知道有正德皇帝，不知道有朱寿大将军。这个时候他内心是有浩然正气的，哪怕做出这个选择要付出代价。在这种泰山崩于前，烈火燃于侧的时候，你还能不能坚守自己的选择？平常碰不到考验的时候，每个人都觉得自己还可以，但面对生死考验时就不一样

了。所以《坛经》讲"口莫终日说空，心中不修此行，恰似凡人自称国王，终不可得"。

呼吸之间见生死、瞬息万变且充满不确定的时候，脑子里稍微有点假借，没有坚定的信念和主张，肯定完蛋。假借就是借风口、借外力。借当然也是一种智慧，《三国演义》讲的就是一个"借"字：曹操挟天子以令诸侯是借，刘备借兵、借将、借地盘，还有诸葛亮借东风。单单靠借，三国只能构成乱局，无法一统，他们的"借"都只能在丛林法则里获得暂时的胜利。这些"借"都是一时的，关键还得自己有实力、有主张。

敢于担当

王阳明和其他的儒学家都不一样，他是个侠儒。这"侠"是敢担当的意思，侠儒的祖先是孔子的学生子路。孟子说子路"人告之以有过则喜"，你指出他的错误，他立即就改，从不迁怒。

子路只比孔子小九岁，但是他一生坚持执弟子礼。他们师生二人像弟兄似的，总开玩笑。孔子说子路太野蛮了，子路说孔子太迂腐了。孔子还说过，自从有了子路，没人敢当面骂他了。因为子路会武功，能捍卫老师的尊严。孔子说："道不行，乘桴浮于海。从我者，其由与。"就是说在自己落魄时，只有子路会跟着他走，子贡他们大概早就另谋生路去了。

当时宁王叛乱，王阳明第一个来勤王。很多人都无动于衷，因为正德皇帝太胡闹了，把江山做戏院。况且宁王也做了足够的

准备，皇上身边的大臣、太监都被他贿赂了。不过这都不重要，重要的是大家怕宁王，怕他成为第二个朱棣。这个时候就是看谁有担当。

打仗前，王阳明最好的学生邹守益告诉他，当地的大土匪叶芳投靠了宁王，大家听到后都吓傻了。之前王阳明为了招安叶芳，下了很大的力气，把上千亩的森林都锯了盖房。但宁王是皇族，更有钱。王阳明说，这时候就靠理了，就算天下都反了，咱们也这么干。最后两边开打的时候，双方都盼着叶芳出现，他押谁谁赢。当然叶芳最后选择了王阳明，没有被宁王收买。

心的层次决定视野

为什么说"格竹子"是阳明心学的起点呢？徐爱在《传习录》卷上记"心即理"，这是心学的第一条。就是说心外没有理，理都在心里头。王阳明举例说孝与不孝，不能从老人身上找，你得从内心里找。这就是格竹子，你对竹子的态度，不要从竹子那去找，你得从内心找，就是往回找。这是心性儒学的一个基本原则。

儒学粗分为政治儒学和心性儒学。政治儒学以荀子为代表，主要是讲如何治理国家，容易被统治阶级利用；心性儒学的作用就像稻盛和夫说的："我走的时候灵魂比来的时候更纯净一点。"

回到格竹子和孝。王阳明说，如果一个人没有父母了，那他就不孝了吗？比如说心外无善，这个容易被大家接受，你做了件好事，肯定是内心指使你去做的。你承认了心外无善，也就承认了心

外无理。到近代，人们说"心即理"的"理"是伦理，但不可能是物理。

佛家怎么论证"心即物理"呢？他说山河大地都是心的显现。佛的眼里是没有喜马拉雅山的，只有我们人类眼里才有喜马拉雅山，世界都是我们的识。心和理之间的关系是互动的，这叫交互主体性。你是什么就能看见什么，"心即理"要求你得无限提升自己的心，心提得越高，就越和理应和得及时。

爱因斯坦一家去一座城堡的天台做天文观测，结果他上去看了一眼就坐下抽烟。爱因斯坦的夫人说他们家先生平常就用那个烟卷盒来观测，不用什么大仪器、小仪器，他就在烟盒上算出广义相对论来了。我举这个例子，是想说心和理是一个质量匹配的关系，我们要想办法提升自己的水平。你能直觉到高层段的时候，你就能够直觉到另外的东西。

致良知从我做起

王阳明晚年说，天天给人讲良知，人们也烦，如今我就不大讲了。但是对于心学，现在上网一搜就三句话：心即理、知行合一、致良知。

致良知是从竹子那里格出来的，王阳明格竹子就把自己的良知格出来了。心学的成功之处就是把个人经验变成公共知识，个人经验就是王阳明在格竹子的七天七夜里所经历的精神洗礼、精神提升、精神跃迁，这个过程我们只能从后面看到。当时他没有找到合

适的语言来描述，但是他找对了路径：不能从竹子那里找理，只能从自己内心找理。在这心里面只能找到那一点灵明，而这就是我们继续活下去的理由和根据。

那时候王阳明还没有成功，但是他种下这颗种子。等到他龙场悟道的时候，已经对当时的主流体制彻底绝望了。他原希望皇帝采纳自己的意见，能够做到亲贤臣、远小人。但这就是幻想，就是妄念。现实给了他四十大板，他也被从北京发配到贵州。这个时候他想到了圣人之道，我性俱足，还是回自己心上找。就是成圣人之道。

我性俱足就是靠自己心里的那一点灵明，有了一点灵明人就可以给自己启蒙，之后才可以给民众启蒙。所以王阳明他在贵州很快就适应了，把中原的文明都传到那里。致良知的第一个要点就是把个人经验变成公共知识，也就是格竹子格出来的一点灵明，再把它提炼成良知。良知人人都有。笛卡尔说，抱怨自己缺这少那的人，他绝不抱怨自己缺少良知。

致良知是让你坚守一个人的底线，最重要的是保住人的这条底线，这样才能作为一个人生活在人间。致良知的伟大之处就在于格竹子就是格心，首先致自己的良知，找到良知就一任良知而行，知行合一是先从我做起。一说良知就感到很悲凉，所有高尚的东西都带着一定的悲剧因素，因为美和悲剧紧挨着，不美就没有构成悲剧的资格，悲剧之后是崇高，它们是递进的关系。

王阳明希望用良知来拯救世道、拯救人心，所以他既成功也失败。他一生被打压，有人告诉过他不要到处讲学就能当大学士。王阳明说：我啥都可以戒掉，但是讲学我戒不掉，我宁可不当

大学士，我也要在民间讲学。心学培养了一帮实干家，这是它比理学强的地方，理学培养的是学问家。所以心学曾在亚洲辉煌过，在日本和韩国培养了一批改革派。

格竹子

年谱上讲王阳明十二岁时就有当圣人的志向，他说状元只能管一世，但成为圣人就可以战胜时间了。王阳明最大的特点是"不羁"，他不受任何东西笼络。豪杰未必都是圣贤，但是圣贤必得是豪杰。王阳明天生就有这样一种豪杰心性，不受束缚。

王阳明格竹子是心学诞生的标志性事件。他给学生讲学的时候说自己在十五六岁的时候，和一位姓钱的同学相约去格竹子。当然他可能不止格过这一次，但这一次他找到了自己本性的活动，所以我们把这一次格竹子作为心学的起脚处。整个过程持续了七天七夜，这期间王阳明的心、意、识、量得到了根本性的奠基。朱熹说每一物都有一物之理，今日格一物就能获得一个理，明天格一物也能获得一个理，日日格一物便能豁然贯通天下之理。

我们平时看竹子莫名其妙地就长出来了，我们人也一样，莫名其妙地就来到了人间。而且我们周围的一切都在迫使我们顺从，就像王阳明的父亲叫他好好读书，去参加科举考试、当官，但他觉得当官也阻挡不了人们生老病死的规律，所以他就要想办法找到能够战胜因果律的一种力量。这种力量只能从他自己这里开始积累，这是第一轮痛苦。他和竹子获得了一种感应，都是被外在左右

的、弱小的生命体。这是他第一次有了一种"平等性智",世间万物都是平等的。

第二天,王阳明突然就觉得应该"无我",我既然来跟你交朋友,我就不能再想到我。他感觉到了竹子的生命,并和竹子推心置腹地交流。要想真正让竹子和自己成为一体,首先就要"无我"。要是摆出主人的姿态那就是征服了,也就失去了善根。

到了第三天,因为没有了"我",他和竹子更亲近了,于是他就抱着竹子,听到里面是空的,还有回音。旁边的钱同学没有王阳明的心性,已经受不了了,就撤了。钱同学这一撤对王阳明也有触动,他内心里激起了一个更大的疑团。禅宗公案有个核心词叫"起疑情",就是要对司空见惯的事情问句为什么,这一问,疑情就出来了,有了疑情才能参住东西。这竹子和山间的各种回音,让王阳明知道这个大千世界森然万象。世界是复杂的,人心是不可测的。他起了一个疑情,怎样才能够跟世间万物同频共振呢?庄子说"吾生也有涯,而知也无涯"。所以王阳明想到,不应寻求对万物的解释,而是寻求自己内心的澄明,让自己心里头干净。尊敬这个世界,尊敬竹子。寻求到这种平静后,又发生了一个巨大的转变。

太阳升起来的时候,王阳明就抱着这个竹子嚎啕大哭。干什么?忏悔,忏悔从前的种种。忏悔是宗教的通用原理,"忏"就是忏其前愆,"悔"是不再重复以前的错误。忏悔完,他的人格和心灵就获得了净化。

在第五天的时候,他有一种活泼泼的喜悦,开始和竹子共舞。竹子晃一下,他也跟着晃一下,竹子仰一下,他也跟着仰一

下。这叫作象形取意，这个时候他内心人格的意念和竹子同频共振了，对这个世界有了全新的认识。这时候再去看世界，就像那失明的人一下子看见了光明。但他觉得还不够，把意识放出去看花、看鸟，相当于又把自己交给了环境，这不行，他还是要往回找，用澄明的意去找心。

第六天，他就苦苦去找"心体"。所谓"无善无恶心之体"就指超越这些假象、念头。你起了这么一个念，既可能抱着竹子哭，也可能一脚就把竹子踹了，一念魔一念佛。这个时候就必须从这种状态里解脱出来，佛教叫作"空"，看清了这些念头的虚妄，看清了这个世界的因缘假合，从而动身去寻找自性。真正的自性在哪里呢？就在于先天的本来面目，也就是儒家说的"心体"。

第七天，阳明进入了冥想状态，把眼、耳、鼻、舌这些感官都关掉，往回找，从假象的世界回到一个澄明的状态。他找到了这种能量状态，但没有合适的语言能把这种状态说出来。一开始他屈服，后又感觉到憋屈，再后来又觉得很无奈，他也试着用自己知晓的所有现成语言来描述，都不对。面对这种巨大的痛苦，他"砰"一下吐血了。虽然没有找到合适的语言，但这颗种子种下了，这颗种子就成了他心理结构的核心——"仁"。王阳明整天讲良知就是仁，没有良知就会变得麻木可惧。

此刻王阳明十五岁，他还不得不去参加科举考试，不得不去读程朱理学的书。尽管如此，他的根还在，后来他逐渐能突破了，写诗很快就能够出道。但是他觉得自己不能只当个文人，文人改变不了世界的，韩愈、李白这样的文人没有用，因为他们没有找到生命的根。王阳明要做思想家，就要改变世界，他要把他认知到

的告知更多的人。当时他的学说受到了掌权者的攻击，但他能够面对侮辱和压力。心学的奥秘是绝地反击，越备受侮辱、搓磨，越高大、坚强。他绝地反击的心力来源于格竹子，格竹子的历程就是要找回人之所以为人的根本点，这个根本点就叫"良知"。

王阳明就用"良知"来概括"心体"，他来到人间的使命就是让"良知大行"。所以王阳明有一个梦想，就是用"良知"来拯救世道，用良知来提升人类的命运。

善良出能力

普通人在生活中怎么践行心学？就是善良出能力来。我们用善意和爱对待所有的人，但是我们不能成为忠厚却没用的人。我们可以当韭菜，但我们要让那些割我们的人知道韭菜也是不好割的，这样才能遏制他们割韭菜的邪恶，帮助他们进步。再往下说就是用良心活着，我们对任何人和事都一任良心而行。

有一次王阳明给学生讲课累了，就跟学生说："咱们出去走走。"路上看见两个农村妇女吵架，王阳明就站在那里听，学生说："这农村妇女吵架有什么好听的？"王阳明笑了，说："你听，她们在讲学，相互骂对方没良心。"学生就说："那既然她们知道良心，为什么还吵架？"王阳明又笑了，说："她们对良心的要求是对外的，咱们对良心的要求是对内的。"

所以稻盛和夫说："我走的时候灵魂比来的时候更纯净一点。"这就说明他是对内的。人们常说，如果人人都有一点爱，这个世界

上会变得多么美好。爱的本质就是良心，良心的本质就是爱。王阳明多次讲良心，儒家的"仁"就是爱，无论是爱本身，抑或是爱的能力，还是爱的感觉。

木心有一句话说得特别好，"性无能事小，爱无能事大"。老实讲，我觉得如今爱无能的人在普遍增长，像雨后春笋一般，大面积的麻木不仁，大面积的自我中心。王阳明晚年收了个徒弟，王阳明对他评价很高。这个学生不能说话，只能用笔交流。王阳明对他说：你虽然口不能言，但是你心里头有良知，这就够了，你依然是个圣人。

稻盛和夫用心学来管理企业，取得了令人尊敬的成绩。他的《活法》《干法》《心法》我都看过，我看完最感动的地方是他从来不引用王阳明的话，绝不拿王阳明做幌子，反而得到了王阳明的精髓。这是心学在今天的时代意义。

知行合一分为几种，一种是自然的知行合一，譬如野兽们；还有价值的知行合一，为了信仰的真理；王阳明是直觉的知行合一，兼有价值和本能，所以他知行合一是做功夫做出来的时代意义。

我们都在时代当中，但是如果一个作家就盯着这个时代，他就肯定不是一个能战胜时间的作家。很多作家之所以选择成为作家就是为了战胜时间。这就是王阳明所说的立志，把人生的纵轴打开，人一定要有远大的、超越时代的志向。我当年写《王阳明传》最后有一句话，我说这个人用良知来建功立业，所以他诗意地栖居在大地上。我说的"诗意"是人性内在的光辉和人道的温暖。

阳明学有四根支柱，其中最重要的一根是隐逸。王阳明年轻时就不想走科举之路，就在阳明洞里头修炼。他在这方面也颇有成

就，炼得一门独特的功法。有一本讲修心炼命的书《性命圭旨》，里面就收了王阳明两首讲功夫的七绝，可见他抓住了生命的根本。

心学的特点是什么？就是让生活思想化，让思想生活化，用思想来感觉，把生活和生命打成一片。这就是他说的那个圣人之道。知行合一的奥妙在于既不能用生活来腐蚀生命，也不能用生命来背叛生活。

附录

心学三字经

序

王阳明	大侠儒	敢担当	三不朽
知建体	行致用	霹雳手	绣花功
不动心	理上身	应物感	先几动
办事中	传大道	知行一	真圣雄

阳明传

心导师	名守仁	豪杰胆	圣贤情
智及之	仁守之	智开工	仁成务
幼志道	建理型	长随世	业多变
曾任侠	又词章	学兵法	修仙释

为证道　皆超越　求心安　蛾扑火
受廷杖　下诏狱　贬龙场　置绝地
从死亡　证生机　看破假　悟得真
成圣贤　自性具　自承当　不外觅
治庐陵　用三老　任吏部　倡自得
在滁州　教静坐　在南京　习静观
收放心　心脑一　抚赣州　办社学
告谕书　平匪患　用意术　平宁王
忠被谤　良知忍　委曲全　仁之至
被丁忧　居绍兴　办书院　为道尊
立事功　为道行　抚思田　平断藤
青龙铺　坠星处　心光明　复何言

心即理

数据意　在读取　意所着　便是物
物之性　尽心知　至诚心　通物理
欲格物　先格心　心净明　格物通
单格物　必逐物　滞名言　拘度数
求转运　被物化　欲穷理　先诚意
心不在　不得理　诚了意　心物一
诚合天　得先天　随事物　精察理
明所以　心理一　物归心　成理性

尽心性　适穷理　空格物　谬千里
理之灵　知致之　心如镜　磨使明
磨心镜　能照真　诚之后　善出智
心之体　明觉性　是与非　了了明
知是非　尽万变　通物性　顺人情
心体蔽　临事失　昧良心　无人性
与圣贤　常印心　心不印　语无益
人非器　是目的　心即理　唤自律
外求理　必遗内　徒知闻　不生慧
主观蔽　力戒除　私心障　必去之
心躁者　其动妄　心荡者　其视浮
心欹者　其气馁　心忽者　其貌惰
善恶事　一念起　万化源　总在心
聚感觉　成观念　化经验　成思想
意志力　根本慧　体要虚　功要实
无功夫　没本体　由功夫　得本体
仁显体　智显用　全体用　乃心要
明了心　众理具　心即理　建秩序
于器相　见道理　始条理　终条理
使感觉　有组织　使精神　合目的
使事物　合规律　能一统　心学立

133

知行一

意发动　　即知行　　知是始　　行乃成

知行一　　不两分　　学即思　　思即行

循理动　　动如静　　志熟处　　无闲话

心上认　　仁智融　　集义久　　自有勇

三达德　　交相养　　有根生　　无根死

志气者　　初发心　　无生有　　凭立志

志不立　　永无主　　志不定　　事不成

种树者　　培其根　　种德者　　养其心

欲树长　　去繁枝　　欲德盛　　去外好

心专直　　方为志　　志不直　　则为伪

私气狭　　妄志邪　　志帅气　　德摄行

持精一　　如心痛　　养德深　　通众心

百姓心　　即我心　　保商业　　重民生

生生德　　感物通　　有良心　　仁道行

心源明　　拿住几　　诚意通　　占先机

能通几　　事成功　　心术通　　立奇功

奇兵巧　　习中来　　因敌变　　索其情

夺其大　　断其根　　四两牵　　敌身颤

咽喉上　　一刀现　　杀少数　　度大千

利己杀　　罪无极　　利国家　　生死以

仁极仁　　义极义　　明明德　　在亲民

亲则仁　　仁则生　　政事剧　　学问地

学与政　　思与事　　知行一　　在意诚

知达政　　提住心　　静养中　　动恻怛

一心妙　　圣王合　　体为圣　　用为王

内圣具　　外王备　　成圣功　　在收摄

成雄功　　在发用　　架空度　　愧为人

意不诚　　心物二　　有间隙　　变诈生

亲情伪　　百病生　　拔恶本　　塞毒源

弘大道　　学致用　　心主宰　　不着空

不逐物　　术圆成　　去轻傲　　去做作

勿好名　　勿逞技　　戒惧慎　　破我执

克私欲　　去我见　　能克己　　方成己

攻吾短　　是吾师　　去谗谄　　常悔悟

笃行之　　进德梯　　悟后修　　存养心

扩充善　　恶不来　　一机入　　天门开

童心存　　不饰容　　法自然　　得天真

气不刚　　杂染浸　　事上磨　　立得住

细心处　　得力处　　心妙明　　在知窍

觉悟高　　出静气　　静生明　　心灯亮

常快乐　　真功夫　　理想成　　心性升

致良知

变良能　　成良知　　致之者　　推而极

致之道	在诚身	身心近	节目远
从心求	易而简	升本能	成直觉
心连心	意建意	心开悟	通天地
物格后	意始诚	落实好	谓致知
圣人心	青天日	贤人心	云天日
愚人心	霾天日	知见障	人欲蔽
克己省	良知出	尽心性	知天命
应天命	觉世行	为善者	常格心
致良知	练出能	心得明	自睿智
神归舍	自宽裕	静固志	自中正
诚恻怛	复自性	圣凡别	在致否
谦善基	傲恶魁	能下人	志高远
能容人	是大器	意必邪	固我闭
致良知	规出圆	有标准	随机动
仁智心	通真几	大慈立	出能力
仁为宅	义为路	礼是门	六经户
周易辙	四书梯	心苟放	勤无益
良知者	乃明师	心中贼	良知破
横逆来	良知化	为学处	化喜怒
为政处	哀变乐	操得要	舟得舵
妙用之	圆而神	变必应	圆镜智
心贵纯	辞忌繁	反观照	虚己受
勿文过	勿徇名	能超越	日日新
良知得	证和谐	心通道	悟则得

正义感　　直觉力　　新感性　　新能源
信念力　　长感触　　常惺惺　　居补处
愈真切　　愈简易　　妙觉力　　良知力
脱桎梏　　度自己　　拨迷雾　　度苍生
乐为体　　智为用　　良知能　　人本具
敢承当　　成君子　　用良心　　补空心
去蒙昧　　唤理性　　化善良　　为能量
一灯明　　除千暗　　良知明　　万古新
不动心　　定盘星　　恻然觉　　揭然存
开圆觉　　悟自性　　成妙觉　　得究竟

赞

心为王　　觉自觉　　心之力　　赞化育
初心者　　良心也　　致良知　　吾使命
书院人　　传心灯　　良知致　　至大同

心学三字经精讲

开篇的"序"是提要。接下来的"阳明传"是王阳明一生的大纲。正文分"心即理、知行一、致良知"三章，摘录了王阳明的金句。最后的"赞"与开篇的"序"相呼应，算结语，寄希望于青年。

序

王阳明 大侠儒 敢担当 三不朽

我用"王阳明"来开头，是想点明这是阳明心学，不是孟子、惠能、陆九渊的心学，尽管他们一脉贯穿。

"大侠儒"是说他不同于一般理论的儒，是行动的儒。他知行合一，说干就干，是以侠客的担当，把儒家走出一脉来。用章太炎的话来说，这一脉最大的成就就是王阳明，王阳明体现了这个侠儒的特点，这脉侠儒是中国文化的脊梁。

我们今天纪念、学习王阳明，就是因为他建立了所谓的"三不朽"功业。"三不朽"是什么呢？"大上有立德，其次有立功，其

次有立言。"当年有一个知县给王阳明写了一副对联，横批是"真三不朽"，就是说王阳明"立德""立功""立言"这三样都全了。为什么说王阳明"三不朽"？因为他敢担当。敢担当的这个心理能量从哪来的呢？因为他是一个侠儒，不是一个纸上谈兵的儒，是一个敢于亮剑的儒。

知建体 行致用 霹雳手 绣花功

"知建体"是心学的本质，也是王阳明的心路特征。他通过精神追求建了良知本体，然后又通过行动把这个本体变成现实。所以说，这个知和行的关系就是体和用的关系，知是建体的，行是致用的。学生坐在教室里读书，这个时候是建体的；读完书有了能力，出去到社会上做贡献，把精神的东西变成现实的东西，这叫致用。王阳明并不做书斋的学问，他追求的是让良知之道支配世道人心，这是心学家的侠儒风格。

"绣花功"主要指平日思想修炼心细如发，也指应对问题心思万全。简单说就是既雷厉风行又耐心细致，相当于张飞会绣花了，这是大本领。王阳明就有这个本事，他既一往无义深沉曲算。"绣花功"提示细节决定成败，"霹雳手"直击要害，凌厉威猛。比如说下象棋，如果是一个酸儒在下象棋，那就是滚卒子，然后一步步先把你棋子吃掉，再将你的军；心学的下法是我先把你的棋子绕开，你吃我的子我也不管，然后一下子把你老将将死。这是一种在咽喉处着刀的路数，简易直接。

不动心 理上身 应物感 先几动

"知建体"靠的是做功夫，不是空谈。成果就是"不动心"，你一动心，理就走了。因为理、道，包括体都是不动的，心只有不动的时候才能与它同频。

"理上身"之后，人的思想境界就超凡脱俗了，也就能"应物感"，准确地感知世间万事，正确判断人情事变。本体已经建立起来了，碰见土匪就会打仗，碰见老百姓就种庄稼，有感必应，随感而变。"变"最重要的就是抓住"几"，在大的变化来之前，先把信号抓住了。做到"先几动"，就能够变被动为主动，相机而行、随机而动了。

办事中 传大道 知行一 真圣雄

王阳明是在"办事中传大道"，就是将理论和实际结合。"知行合一"就是在实践中的智慧，不是抽象的哲学教条。王阳明多次讲：做工作就是做功夫、做学问。比方说你审案，犯人会说话、会哄你，你就高兴；犯人比较笨，说不清楚话，你就恼火；倘若犯人给了你好处，你就偏向他。这些过错的根在于你的良知被蒙蔽了。你本着良心去做好具体的事情，这就叫致知，也叫做学问。致知是在格物中完成的，学问是在做事中体悟出来的。王阳明的学生南大吉也是个侠儒，他担任绍兴知府时，见到王阳明就说他今天干了什么，说了半天，突然问："我说了半天，老师咋不说呢？您指

导指导我。"王阳明说："我已经指导你了。"南大吉说："您没说话啊。"王阳明说："你怎么知道哪里对了哪里错了？"南大吉说："良知啊。"王阳明说："我天天讲的不就是良知吗？"南大吉笑谢而去。

知和行是一件事，不是说有了知再去合另外一个行，它们是一体两面，就好像太极，一面是阴，一面是阳。"知行一，真圣雄"，这个圣和雄，就是内圣外王。圣突出了修养过程，雄突出了克服困难做成事情。

王阳明不是个传统意义上的圣人，他是一个在"办事中传大道"的人，因为敢担当、有办法，所以他干什么都干得漂亮。

阳明传

心导师 名守仁 豪杰胆 圣贤情

王阳明是心学导师。他的名字是守仁，阳明是他的一个号，因为他在阳明洞修炼，自号"阳明山人"。他刚生下来的时候叫云，云在古汉语里有说的意思。到五岁了他还不会说话。传说来了一个高人，摸了摸他的后脑勺说：好好一个孩子，名字取得泄露天机了。他爷爷就把云改成守仁，王阳明从此就会说话了。

"守仁"这个词是从《论语》里来的，原话是："知及之，仁不能守之；虽得之，必失之。"就是我们打开一个世界靠智慧，打开以后要靠仁守住。若你的德行内功不够，江山也守不住。

王阳明真正的特点是"豪杰胆，圣贤情"。他从小就胆大，骑马、射箭、练武功。胆大是心理基础，后来他又培养自己具备担荷天下的精神，变成了一个真正的豪杰。豪杰未必是圣贤，圣贤必然是豪杰。"圣贤情"是"绣花功"的情感基础，"霹雳手"则是以"豪杰胆"为基础的。

智及之 仁守之 智开工 仁成务

"智及之，仁守之"，智慧开发出来后用仁来实现它。智是开工的，仁是成务的。心学区别于别的学说，就在于特别注重"开工""成务"。

幼志道 建理型 长随世 业多变

王阳明小时候就志于道，有了道这个志向后，他就给自己的一生建了一个理型。"理型"这个词我不满意，用得很别扭，它背后的故事又意味深长：王国维投湖自杀，有人说他忠于清朝。陈寅恪说他不为一家一姓之兴亡，他忠的是这种理型。就是即便是面对李煜这般的亡国之君，心里想的依然是刘秀这样的理想型君主。他忠的不是具体君主，而是君主的理型。王阳明年轻的时候就志在成圣，有了精神方向，就给自己建立了一个心理结构，这叫"建理型"。

在不同年龄段要根据具体要求来变化，所以说他随着这个世界成长、变化。过去说王阳明是"学有三变，教有三变"，还有人说王阳明在成为思想家以前就有三变，成了思想家后还有三变。这也是《周易》里面讲的"君子豹变"，君子的变化快得像豹子。好多人有点本事，但是他太封闭、执拗，终究一事无成。这种人一辈子看不起别人，别人也看不起他。还有些人随机应变、毫无操守，哪边风大往哪边跑，活成了变色龙、应声虫，那又是没人格。王阳明的变是突围，他再变，也保持着进取超越的方向。

曾任侠 又词章 学兵法 修仙释

任侠的任是形容一种"虽千万人吾往矣"的豪迈气概。侠有很多，能够秉持正义、敢担当的侠才叫任侠，如鲁智深。王阳明在十五岁左右是好任侠阶段，他跟着他爹在北京过日子，一个人骑着马去居庸关，碰见一伙鞑靼人。他那一股"任"劲上来了，布疑阵、作声势地喊着冲过去，把那伙人吓了一跳。通过他十五岁这个细节，就能看到他的胆识和好任侠的军事家气质。

后来他又放下任侠那一套去学文章，这也不能安顿他的精神追求。其实在当时他的诗已经与前七子齐名。后来又考上了进士、当了官，但他就是觉得这些都不是性命之学。于是请假回家，在阳明洞修炼。

王阳明在国子监准备科考的时候，他不专心致志地做八股文，把京城能找到的兵法书都看了，还写了繁简不一的批语。后来

胡宗宪从王家后人手中高价买了这些批语本，自称这是助他剿倭寇的大功臣。人们夸王阳明仗打得漂亮，从来都是以少胜多、出其不意，这都跟他年轻时学兵法有关。

那个时候仙学很盛行。王阳明说他自己终身好谈二氏之学，也就是仙学和佛学。佛学他重视禅宗，在官僚体系里学佛是要扣分的，所以他让他的大弟子下朝后，在没人看见的时候悄悄地读《坛经》。

为证道 皆超越 求心安 蛾扑火

心学区别于其他学说的一点是让你的精神进入一种创造状态，这就是证道。王阳明为了证道，把他探索过的东西都超越了，这是他的基本历程。

"求心安，蛾扑火"指的是王阳明上疏救南京给事中，被逮下狱的事。他的奏折写得特别漂亮，没有骂刘瑾，只是说言官的职责就是向国家建言，这是皇上给他的任务。其实他知道，上这个奏折就没有好下场，但是他不上就心不安。他就像飞蛾扑火一样，明知道是跳火坑，但还是"吱"一下飞过去了。

受廷杖 下诏狱 贬龙场 置绝地

当时就有人劝过王阳明不要去，但王阳明的"任"劲上来了，

说不行，不去就心不安。朱元璋发明了廷杖制度，这是一个极其可耻的制度。就是在国务会议的大厅上，哪个人忤逆了他，当场就会被打屁股。跟王阳明同时鸣冤的人叫蒋钦，两人一起挨了打。王阳明挨打完了进了大牢就心安了，那个蒋钦不干，又起来上疏，又被打了一顿，打完了呢又不干，又站起来，一共被打了三轮。

在大牢里，王阳明得空去专注学习《周易》，《周易》是心学的哲学基础。见诸记载，他多次说"心学，易学也"。《周易》是儒释道三教共同的经典，它的原理就是"寂然不动，感而遂通"。王阳明的高祖叫王与准，是当时的易学大师，他们家里有这个传承。他过去顾不上深究《周易》，现在在牢里正好有功夫系统化，让自己的心性获得了提升。

王阳明受到的处置算轻的，还保留了官职。但是他被发配到了龙场，也就是贵州的修文县，而且是做龙场驿站的驿丞。"置绝地"，就是在政治上落到底了，生活环境也落到底了。王阳明有一篇文章叫《瘗（yì）旅文》，有一个姓刘的人吸了龙场的毒气死了，王阳明就找几个人把他埋了，然后写了这篇《瘗旅文》。这篇文章是他的下等作品，但是被选入《古文观止》里了，就有了知名度。

从死亡 证生机 看破假 悟得真 成圣贤 自性具 自承当 不外觅

王阳明之所以是王阳明，在于他能够从死亡中"证生机"。大家问我心学为什么有价值，我说它就是绝处逢生之学。心学从来都是绝地反击，一开始一直让，让到不能再让了就触底反弹、绝地反

击。王阳明从死亡当中证了生机，这就是著名的"龙场悟道"。

人，不到绝境的时候总会被假象迷惑，要想开辟新局面就得绝处逢生。王阳明被贬龙场，过去所追求的那些功名利禄、荣华富贵都被皇上一刀斩断了。越是这个时候，他的心本体越澄明，精神越能进入澄明的状态。

他回想自己的一生，无论是任侠、词章、兵法、朱子，这些都是从外寻找真理，是永远寻找不到的。只有从内心里面找，才能找到真理的源头。真理就在你内心里。他往回找的时候，一下子就悟到了"圣人之道，我性自足"。还有个版本叫"我性具足"。自足，自己足够；具足，都有了。佛学把自性叫作本来面目。所谓的"明心见性"就是得见本来面目，儒家叫把放出去的心收回到腔子里来。

绝处逢生的过程禅宗里面说得特别多，叫作"临崖一跳，自肯承当"。逼到悬崖不敢跳，又缩回到经验状态的"旧我"里面去了。王阳明敢于绝望，他就能超脱过去的旧的经验，进入到一个新的精神世界，这就叫"临崖一跳，自肯承当"。过去不敢担当，不敢说通过我自己就能成圣人，不敢担当自性，就从外面去找支撑，作诗作赋学兵学法地找个马不停蹄，其实都是沙上建塔，不是自己悟出来的不是真东西。这个时候他就只能自力更生了。自力更生：通过自己更新生命、改变环境、浴火重生。王阳明的龙场悟道就是说，人自己就可以成圣、成贤，你能不能成要看你自己努力得够不够、对不对。怨天、怨地、怨别人、怨环境，都是永世不得翻身、下辈子也难活出自己的可怜虫。

"从死亡，证生机"是所有达到宗教级别的思想体系的共

性，儒释道三教是这样，基督教也是这样。就是在极限状态下获得一种突破性的思维，从而获得一种根本性转变。一般人都活在经验及其养成的习性中，有句话是"人是观念的囚徒"，就是说人是经验的囚徒。像英国就属于常识派教育，就是让人过凡人的日子。这一派有它自己的魅力，但是对一个人的精神建设就不完备，打不开纵贯生命的立轴。

"自承当"就是尊个性，"不外觅"就是张精神。鲁迅早期的《文化偏至论》倡导"尊个性而张精神"，这个特点正是心学的本质。为什么鲁迅敢一个人挑战黑暗的时代和社会？因为他有这个豪杰的心性，也因此鲁迅是我们民族的文化英雄。王阳明也是我们民族的文化英雄，他们的本质就是"尊个性而张精神"。

日本的新渡户稻造写过一本书叫《武士道》，他说武士道的核心思想就是王阳明的心学，也就是尊严精神和知行合一，他把武士道概括得很准。

"从死亡，证生机"靠什么？靠把自己的精神能量爆发出来、脑洞大开，是战胜经验后产生的一种精神飞跃，但不是精神迷狂的那种。这个过程叫"看破假，悟得真"。惠能说抡刀上阵才能见性，人面临生死考验的时候才容易开悟。人们整天说放下，其实不是说放下责任，而是放下偏执、烦恼、妄见。

"悟得真"就是开窍，再往庸俗里说就是能找到一个巧劲。好多人笨得出奇，累得头破血流也终是一事无成。干什么都要有窍门，有本事的人凡墙都是门，而有的人一辈子都没找到那个窍门，也就不够巧。这个巧与窍其实就在真假之间，能把假看破了，你就能悟得真。阳明概括为"成圣贤，自性具"，要想成圣，你任自性就

够了，"自性"这个词是个佛教用语。惠能在五祖那里听讲《金刚经》，五祖怕别人听到，就用袈裟把他俩裹住。讲到"应无所住而生其心"的时候，惠能开悟了，说："何期自性能生万法，何期自性……"八个"何期自性"，就是说没想到自性能够生万法。王阳明的"圣人之道，吾性自足"就说的是这个自性，这是后来王阳明一再强调的"人人皆可成尧舜"，人人皆可成圣人。

有一天王阳明的学生回来和他说："我见到满大街都是圣人。"王阳明回答："这有什么稀奇的。"满大街都是圣人是王阳明的一个发现，就是说每个人心里都有良知，那些江洋大盗也是有良知的，无非在那一瞬间，他因为种种情况失了心本体。

有一回，他跟一个学生说："你是个圣人。"把那学生弄得满面通红，赶紧说："老师可别这么说。"阳明说："你可别推，推也推不掉。"然后就给他讲，人人都有圣人的心性，无非有的人去追逐别的东西了，没有让自己成圣、成贤，所以叫"成圣贤，自性具"。但是人人皆可成并不一定人人都能成，你成不成在自己。按存在主义，就是说，你对自己要负责任。我们把自由都说歪了，自由是含着责任的，没有责任的自由那叫任性，不叫自由，而且永远走不向自由。

下面是一个方法："自承当，不外觅。"就是说你要把自己成圣成贤的使命担当起来，"视物为己，担荷使命"，这是大儒的情怀，天下万物为一体，不要不敢担当。好多人不能成圣、成贤，就是被习性所扰，外头的东西把你内心异化了。"自承当，不外觅"就是说不要从朱熹那里去找，甚至也不要从孔子、孟子那里去找，你就把自己那根脊梁骨竖直了就行。

治庐陵 用三老 任吏部 倡自得

在龙场不到三年，朝廷就让王阳明当了庐陵县令。王阳明在庐陵的七个月，发了十一篇《告谕庐陵父老子弟》，息讼兴让、劝行孝悌、用三老、建保甲制、减免不合理税种。庐陵原本是个健讼之区，特别爱打官司。王阳明去了以后不放告，不接你的案子，说现在是农忙季节，赶快去种庄稼，一打官司就把农忙给耽搁了。王阳明在县衙外放了两个箱子，一个是"愿闻己过"，让老百姓指出他的过失，还有一个是"愿闻民隐"。把案子收上来以后，王阳明用的办法是起用三老，在里正中慎选小镇领袖，用三老解决民间纠纷。他临走的时候还要建几个亭子，一个是旌表，树立好人好事、道德模范、孝子贤孙等正面典型；还给三老建了一个亭子，找有威望的老头调解占了田间地头、丢了一头牛这类民事纠纷。

王阳明的政绩很明显。当时瘟疫流行，王阳明不怕死，亲自去疫区，架了一个大锅煮药。当地老百姓有个恶劣的风俗，小孩子一咳嗽，就抱到地里去。过去的文人都学医，"不为良相则为良医"，所以王阳明懂医道。他用了一个方子，就治好了几个得了百日咳的孩子。老百姓一看，都说来了个高人，于是开始亲近他。瘟疫一过，他的口碑和威望都起来了，赢得了老百姓的敬重。

几个月后，朝廷又把他调到吏部去了，这时他开始全面倡导自得之学，落实"圣人之道，我性具足"了。

在滁州 教静坐 在南京 习静观

朝廷让王阳明去滁州养马。这时候他的学生已经很多了，有五十多个。

一般都认为心学挺活泼能动的，其实心学的动都是以静为基础的，王阳明只要没有公务就马上打坐，他一生都在追求静下来的修养。"在滁州，教静坐"是他"补小学收放心一段"的功夫。"小学"是指初级，"放心"是孟子说的"求其放心而已"，就是把你的心从外面收回来。如果你心都放出去了，就把元神也给带出去了，所以王阳明一直主张静坐、静观。

他在南京的时候，给自己住的那栋楼取名为"静观楼"，还有一副对联："放一毫过去非静，收万物回来是观。"什么是静呢？就是在静中审察一切，就像水在平静时才能够照见影子，所以"放一毫过去非静"，"一毫"指的是私心杂念，"观"是把万物都纳到我心里。

诸葛亮是淡泊明志、宁静致远的典范；鲁迅虽号称斗士，但其实他的文章里都有一派静气；王阳明也是兼有一派豪气和一派静气，豪气就像剑气，静气就像箫心。这些了不起的人物都是一动一静、一阴一阳、一剑一箫。

收放心 心脑一 抚赣州 办社学

静的目的是把放出去的心收回来，这样做有什么效果呢？就

是你的心和脑合一了，这叫"收放心，心脑一"。心、脑是现代词语，古人没有用大脑来思考的术语，他们认为思维也是靠心，现代人的科学发现思维是靠脑。你把放出去的心收回来以后，心体和意识心（脑）就能够一体化了，这时候我们的觉知才深刻，我们的能量才能高起来。不然心是心、脑是脑，这种人的知、情、意拧不成一股劲，也活不出生命的境界，能量有限。有些人耍小聪明，脑子好但心体不在，总是随风飘忽、轻于去就、容易变节，诸如此类。

"收放心"的意义在于使我们成为一个完整的人，让我们所有的能量都汇聚到心这个原点上来。这样才能准确地把握外面的万事万物，在人情事变的处理和应用中才能达到中庸的境界，也就是动态的恰好，不然就容易跑偏、犯错误、妄念纷呈、妄动不已。

王阳明去赣州是去剿匪了。他做事情总是从根上做，赣州匪患丛生，官军来镇压平复，一撤军就又开始了，这是因为当地教化不兴、民风不淳。这样一个产生暴乱的土壤，怎么从根上治本呢？王阳明决定广泛建学校，利用他的权力在社区里建社学，不同的年龄用不同的教学方法，年纪小的就以唱诗为主。王阳明发明了一个调，叫阳明调，从那里一路过就能听到村里的学生又在唱诗。他用办社学的方法来改变这一方的文化生态。在赣州办社学也是他身为教育家的本色体现。当然，为了不让匪患复发他还有别的措施，比如在这个匪患丛生的聚集地建立一个县级政权。

告谕书 平匪患 用意术 平宁王

王阳明剿匪也有他的特点，就是攻心术。《告谕浰头巢贼》是一篇文情并茂、思想上博大精深、文辞上优美动情的好文章，写得就像情书一样：我知道你们也不想当贼，你们辛苦为贼，所获甚少，官军一到你们就玉石俱焚了，贼名也就定了，如果你们看到我的这封信，现在下来，我给你土地，安顿你们，从此安居乐业。我如果不镇压你们，我对不起那些安分的老百姓。但你们本来也是好人，本不想为贼，你们要么是欠了大户的钱，要么是被其他土匪胁迫，最后不得不走这样一条路。但这条路肯定不是正路，所以你们早一天弃暗投明，就能早一天获得新生命。

从战法上王阳明也是先礼后兵，贼里面好多也是大户人家的孩子，他们都认字。读了信以后，还给其他贼念。好几个首领读了王阳明的信后，就领着人下来投降了，这样至少可争取的善民就争取过来了。在下大雨的时候，贼人以为王阳明不会上去，王阳明突然袭击，把多年的匪巢像犁地一样扫荡了。

王阳明最大的军功就是把已经造反的宁王活捉了，也因此被封为新建伯。他平宁王最难的是选择，选择是标准的意术。接下来怎么打，兵法之妙存乎一心，发兵布阵全是意术，包括抑扬顿挫节奏的掌握。所以这里我特意用了"意术"。"意术"就是把想法变成高明有效的办法。

宁王准备了十年，花大笔银子买通了皇帝身边的人和各级要害衙门。同时收买死士，联拢土匪。他在起事的时候还宣布免除江西的税赋，各级大员都在观望，怕他成为第二个朱棣。朱元璋立的

太子病亡了，皇位传给他的孙子，就是建文帝，建文帝很善良，也很文明。但他叔叔朱棣从北京杀回南京，推翻了建文帝。如果朱棣失败了，那他就是反贼叛乱，结果他成功了。宁王造反时，当时的正德皇帝荒淫无度。宁王朱宸濠是正德的叔叔，他说正德是江湖野种，奉太后密诏要把江山拿回朱家来！

王阳明自己也说，打仗不难，难在首义，就是第一个站出来讨伐宁王。本来王阳明是领旨去福建平叛军，走到半路听到宁王造反的消息。这时候就看意念了，所有选择就在这一瞬间，成佛也好、成魔也好，就看这个念头。其次是用间谍布疑兵，扩散假消息，迟滞宁王出南昌，为国家赢得反应时间。真开打时两方兵力悬殊，王阳明集合起来的都是些民兵、捕快之类，而宁王集结了许多正规军，还有土匪。有人说直接去打，王阳明说不，要把敌军的锐气避过去。于是他去打南昌，南昌空虚，打下来以后，宁王必然回来救南昌。此时我守住先机，在这里等他的军队长途归来，再拦腰一击，捉拿宁王就没有悬念了。

忠被谤　良知忍　委曲全　仁之至

正德皇帝自封大将军，领着浩浩荡荡的大军南下平反。还没走到保定，王阳明就活捉了宁王。这个消息一宣布，皇帝下江南就师出无名了。围着皇帝的权贵都收过宁王的高额贿赂，这帮人就纷纷扬言王阳明要造反，说他和宁王本就是一伙的。

正德皇帝爱游荡胜过爱他的江山，自然一意孤行继续南下，

搞得民情汹汹。王阳明被逼得无路可走，终于逼出他的良知说。简单说王阳明最核心的学说是"致良知"，它就是在经受这次"忠泰之变"时提出来的。面对百般折辱，阳明不能任性反抗，也无可依靠，只能一任"良知"而行，一心把江西人民的苦难降到最轻，他把这个叫"良知忍"。

他的学说一路走来也是这样在百曲千难中忍出来的。最难受的是屈服，但委屈自己却能保全江西的百姓，值！用《周易》的话，这叫"曲成"。这也是对王阳明的一个严峻考验，全凭王阳明对江西百姓这种诚挚的情怀，才使他真正"三不朽"。

被丁忧 居绍兴 办书院 为道尊

中国历史上有个规律叫作逆淘汰，奸臣当道，忠臣被害，庸人执政，精英淘汰。有名的如岳飞、于谦。王阳明发配路上，经过杭州。杭州旁边有于谦的墓，王阳明就写了一副对联——赤手挽银河，公自大名垂宇宙；青山埋白骨，我来何处吊英贤。那个时候他就已经看透了，皇权的本质就是这么荒谬，你好心好意地给他抬轿子，他转过来就把你杀了。

现在王阳明已经平了宁王叛乱，朝野上下都呼唤他入阁当大学士。朱元璋为了防止知识分子过分干预朝政，废除了宰相制度。后来演化出内阁大学士制度，其实就是皇帝的秘书班子，但这已经是文人从政的最高头衔了。越有人呼唤王阳明入阁，也就越多人阻挠他。

丁忧本来是一种制度，就是父母死了以后子女理所当然应该在家里服丧，为啥说王阳明"被丁忧"呢？因为正好那些反对他的人利用了这个规定，让他在老家待了六年。那些已经在内阁里当大学士的人，还有也想当大学士的人为了反对他结成短暂的联盟。

在皇权这个高层次的运作上，王阳明一点办法都没有。丁忧一般是三年，就是因为朝廷的这种态度，他在绍兴待了六年。当然，我们要从超越的角度看，这六年是最好的。而且朝廷如果不起用他，不让他去思田平乱，他也不会那么快就去世，他的学说也会更辉煌。

立事功 为道行 抚思田 平断藤

孔子当年就是"出为道行，处为道尊"，"出"就是出来做行政工作，当官参与现实政治；"处"就是不出去当官，安于一个知识分子的书斋生活。过去"出"和"处"是人生一个很重要的选择。孔子选择出，周游列国，去给那些军事寡头们提建议，结果到处碰壁，后来回老家办学。孔子出来就是为了行道，也就是为了道行；办学是为了道尊，只有通过学术和思想才能使大道的义理获得尊崇，体系完备了才便于传播。所以王阳明办书院是为了使道获得尊崇，出来建事功是为了使大道得以通行。

王阳明最后出来工作是要解决思州和田州的问题。我特意用"抚思田"，是因为朝廷让他去镇压，让他去打，王阳明觉得这是杀人。而且那时候王阳明在江湖上已经很有名头了，叛乱人群一看

王阳明来了就不打了，扔下武器投降了。这不挺好吗？他和平解决，但违背了朝廷旨意。

思田那里有个断藤峡，那里有常年的积匪。王阳明又用突然袭击的方式把断藤峡积年的匪患给平定了，所以"抚"是招抚，"平"是打平。这是他最后的战役，算是"立事功，为道行"。但在朝廷那里这都是罪过，因为朝廷让你"打"，你偏"抚"；没让你打，你又偏打平了。他这样边走边等旨意，叫作擅离职守。真是欲加之罪何患无辞啊！此时一张罗网已经张开，那些针对他的揭帖、奏章已经写好，单等对付他呢。

青龙铺 坠星处 心光明 复何言

此时王阳明的身体已经彻底垮掉了，他再三上疏请求归养，朝廷就是不答复，想把他摁在边境三年。他在一边等朝廷批准一边往回返，走到青龙铺就去世了，所以说"青龙铺，坠星处"。冈田武彦在那里专门修了一个"落星亭"。冈田武彦为了写《王阳明大传》，沿着王阳明走过的路走了一圈，现在保留的"落星亭"是冈田武彦修的。

王阳明，后悔吗？

王阳明说的最后一句话是"此心光明，亦复何言"。此时桂萼等大学士已经开始对他下手了。他本是带着病去的思田，那一带的气候比龙场还恶劣，他到了那里就添了水泄。打完仗后还要设县治以图久安，要勘察哪个地方适合做县政府，人们就用筐抬着他测

量，那个时候他的身体就已经不行了，于是他就给朝廷写报告请求退休、回老家治病，朝廷一概不回复，留中不发。

他等不到回复，又怕在外地去世，就带着病往回走。好不容易过了梅岭。从梅岭下来，他都快喘不上气来了。这时候他威望很高，许多学生追随他，有个学生已经备了一口上好的棺材跟着他。他见了学生的第一句话还是问："最近进学如何？"去世前他对学生说："所学才证得几分。"这是他最大的遗憾。学生已经把棺材糊好，时刻准备着呢，他说："我其实早就不行了，就是还留着一口元气。"然后学生问他还有何遗言，他说："此心光明，亦复何言。"

说来还挺难受的，死亡是一种看不见黑暗的黑暗，这种黑暗是人未曾经历过的黑暗。王阳明说"心光明，复何言"是在表达对克服黑暗的意志。后来"此心光明"就成了心学的一个标牌。

我讲王阳明的生平，是为了讲他的思想，获得启示：第一，我们要把心从追逐外物奔竞的方向，收回到内心里面来。"在滁州，教静坐，在南京，习静观"都是为了回到"不动心"。不动心为什么这么重要？因为不生灭才是佛性和自性，心体是不动的，"圣人之道，吾性自足"，自性本身也是不动的。王阳明多次说心体是不动的，心学的第一步就是去除这些杂念。后面会讲克己和省察，也是把自己的习性、妄念这类尘埃扫掉，"时时勤拂拭，勿使染尘埃"。"本来无一物"就是说心体本来是不动的，"时时勤拂拭"是指克己和省察。

第二，他的"霹雳手，绣花功"必须有个组织能够落实下来，这才能有作用。这个组织就是他的学生和书院。用现代词来说，他建立了一个有使命的团队。王阳明第一次到江西剿匪时，

刚打完一个小仗，他就摆酒宴请学生喝酒，对学生说："我敬你们。"学生说："老师怎么还来这一套？"王阳明说："我一开始处理问题、安排事情时，生怕自己和给你们上课时不一样，后来我不用想就觉得都一样了，我也就踏实了。"给学生讲课的时候当然是理性的，在处理事情的时候是感性的，在这种时候他能把它们合成一个，知行合一就这样炼成了！而且组织能力、组织意念、组织水平也是这样提高的。

　　建立这样有使命的团队，就是王阳明办书院的初心。他在赣州办社学还算草创，那个时候他主要让他的学生去办，他的学生都是宣传队。王阳明打仗的时候也在讲学，其实他带的人很少，但总能以少胜多，因为学生理解他的意图，执行他的部署时不打折扣，执行力强就靠这个。王阳明是一个特别落地的人，他那"绣花功"不仅做心上功夫时很细致，对待所有的事情都很细致，但是该出手时就出手，果断凌厉，这两条能够变成现实，就靠他的组织能力。后来张居正禁毁书院的时候，天下三分之二的书院都是心学系统的。王阳明的心学"觉民行道"，构成一股现实的力量。

　　王阳明的生活就是他的思想，他的思想也是他的生活。虽然我们是在平铺他的历程，但始终保持着向上一提、向上一路的自觉，所以这也是心学的"心路"，我絮叨一点，也是为了拉近和他的距离，建立亲切感。

心即理

"心即理"是陆九渊提出来的。王阳明很少评论人，但有一次他忍不住了，说陆九渊粗。他的学生说："陆九渊说什么也不粗啊！"王阳明笑了："我说他粗，就是不精准、不尽不实的意思。"王阳明说孟子把那些良心泯灭的人比作禽兽，也粗了。你就知道这个心学看似平易，实则精准。"惟精惟一"，永远在路上。

王阳明已经具备了精准的辨别力和洞察力。他批评孟子和陆九渊不是因为好胜，而是发展圣学的责任感。孟子和陆九渊都是旷野呼喊，在气概上豪气足够，在深入通幽处精微不够。王阳明是既有豪气，又深沉曲算，在静、净上精进不已，那绣花功夫是特别细的，真正有力量和办法的人，都是很细的。这个细不光指一个性格上的粗细问题，更是指在理论上彻底与否的问题。陆九渊"指出"了心即理，但是没有很好地证明它。把这个心即理"证明"出来的是王阳明。

数据意 在读取 意所着 便是物

"数据意，在读取"，数据的意义不在数据本身，而在于读取，数据不在心外，万法唯心，心外无理。万法唯心是佛教的不证之理，是入门的。心即理在儒学这里就是成了槛了，心学确立一个核心的障碍就是怎么在心和理之间画上等号。张君劢的名言："心即理"，你在伦理上说有理，你在物理上说就未必，像天

文、地质这些学科需要测验，怎么能说"心即理"呢？这是科学主义对心学的一个致命打击。其实科学是科学家发现的，科学家是人，他说出的理也是从他心里出来的。我的心发现不了镭的理，但居里夫人发现镭还是用她的心，她的知、情、意！心即不即理，取决于心的质量。这个口号的宗旨是呼吁人们提升自己的心性，而不是降低理来屈从人的偏执任性。

用康德的术语说，物自体我们是不知道的，我们知道的是我们对这个物的感觉，所有的研究都是研究你对这个物的感觉，物自体是达不到的。所以他留下不可知论。

"心即理"克服了不可知论。理不外在于心，如果心大如天地，自然能相应于天地万物之理。心的本来面目是这样的，只是私心杂念、五浊恶世破坏了它的本来面目，让它支离破碎，陷入盲人摸象的偏曲中。读取数据的时候也只能狗眼看人低、马眼看人高。人怎么办？只能放大眼孔、扩大心胸、提高智能、开放链接。插一个玩笑，如果翻译的时候别叫物自体，叫物自性，就可以接通东方智慧了：我们只能见相，不能见性，如果我们明心见性，就能穿透相、抵达性，就可以知"物自性"，尽"物之性"！

从发生的角度说"意所着，便是物"，王阳明一再说，意念没有悬空的，必然要着在物上，同样这个物若不被意念所着，对人就没有意义。从张载以降都在说这个问题，包括后来南镇观花也是这样，在深山老林里，花开花落，但没有构成人文的意义。你不看这朵花，这朵花对你也没有构成意义。心学术语可用对联概括：身、心、意、知、物，格、致、诚、正、修。以后还会讲到。

"心即理"最关键的一层：如果你心里不认理，它对你就不存

在。理不在心里落实，不变成血液和行动，理就是空的、假的，乃至于是死的。没有地，天就是死的；没有心，理就是死的。

列宁说："真理不能让顽石点头。"你说的再是真理，顽石也听不懂，这就是个心和理之间能量和信息同频转换的问题，大心接大理，小心接小理，没有心就接不到理。用王阳明的话说，要看你意诚不诚，意诚心就正了，就能够和物一体化。这个心物一体又引出儒家的最高原则：万物一体之仁。这对全世界都是一个贡献。

物之性 尽心知 至诚心 通物理

王阳明年轻时格竹子，想完成心物一体的证悟，但是他累得吐了血，也没成功。但他一生都在坚持这个方向，也没后悔过。他的天赋使他领悟到努力朝心物一体化的方向不会错。除了尽心，别无知物性、知天命的动力源。尽心可以通过直觉知物性。爱因斯坦说，先通过直觉发现一个现象，才能产生新思想。

怎么才能通物的理呢？只有用至诚心才能通物的理。物的理是不以人的意志为转移的，你要是不善待它，你进不去。就像老农伺候地，你把地弄好，才能打粮食。

欲格物 先格心 心净明 格物通

想格物就得先格心，这是阳明的经验谈，他在龙场悟道就是

悟通了"格物致知之旨"的方法，古人叫本末次第、功夫次第。要从格心开始，心是本，物是末。包括解《大学》是本，国家天下是末。从身心出发叫"仁义行"，从国家天下出发叫"行仁义"。

"格物致知"是朱熹在解《大学》的时候提出来的一个知识论：今天格一物，明天格一物，后天再格一物。他说天下万物都含着至理，只要我们认真地格，总有一天会豁然贯通。王阳明悟道就是给它加个支点、起脚处：要想格物就从格心做起。格心是功夫论。

尽心的功夫要先让心澄明清净，这样才能从心本体产生出良知级别的直觉，便能物来感而遂通，应物而格。格物如同格斗，需要全神贯注，容不得半点虚假懈怠、疏忽闪失。居里夫人就是这样从几十吨矿石和沥青中炼出几克镭。这需要多么明净的心才能承受这巨大的工作量。

"心净明"的极致是无我。需要先使心从意念上纯正，为什么收放心要静坐？要排除杂念纷扰，让心本源的觉知性出来，那个是良知，用良知来面对事物就好了。心要干净，然后就会澄明，心一干净澄明，就心物一体了，物是意之所着。心学的知行合一是以行带知。一定要提高你的心性能量，提高到心和物能够通的程度，否则不叫意诚。而且如果不摄物归心，要单格物必然会逐物，心必然也就放出去了。

单格物 必逐物 滞名言 拘度数

逐物就是把一个人的主体性丢掉了，跟着物跑了，是人格的

分裂和失败。譬如，参加科举考试，你从心里认同圣贤，不为升官发财，没有被科举夺了志，那考试不废功夫，还会长功夫。

逐物的表现形形色色，读书人最易被旧观念束缚："滞名言"，只知道照章办事；"拘度数"，度数就是规矩，刻板的形式主义。只想着圣人怎么说，上级怎么说，别人怎么说……就算这些东西是名言，也和现实隔膜，如果你再头脑僵化、停滞在那些概念上，你就永远和物不能够同频共振，你通不了物理，伦理也通不了，只能做些行仁义的"秀"，冒出许多程序正义，实质却不正义的怪现象，这是板滞化的社会的常规病态。那些历史上响当当的人没有一个"滞名言，拘度数"的。

求转运 被物化 欲穷理 先诚意

因为心放出去了，越追求外物就越远离自己的本心。被物化就是被异化。"滞名言，拘度数"只能一辈子当可怜虫，不会成为一个站着的、大写的人。为什么呢？因为他的前提就是逐物的，所以越求越远，反而被物化了，把自己活丢了。先诚意开发的是你自身的"能"，天下的理是"所"，是"能"的对象和衍生物。没有能指就没有所指。

所以必须"一是皆以修身为本"，修身的起点是诚意、正心。因为心外无理，所以欲穷理，先诚意。单去穷理，如庄子说的"吾生也有涯，而知也无涯。以有涯随无涯，殆已"。你头脑再博大，想把天下的理穷完也是不可能的。你想要穷理，想要以少胜

多，就要先诚意，功夫出来了，再与物一体，通了物性和物理，就可以格物致知了。理不在外，而在内。

心不在 不得理 诚了意 心物一

意诚了以后就会得到最正确的答案，答案在现场，原理也在这里。心不在、意不诚，就不能感通物理、人情伦理。所以存在主义也在揭示这个原理，存在主义针对的是存在被遗忘，就是逐物却忘了自己。"心不在，不得理"体现在尽物性上，要求你尊敬物，才能尽物的物性。研究了一辈子心学的冈田武彦最后写了一本《物性论》，他说现代科技这么发达，却造不出一把帕格尼尼的小提琴来，因为人们对物性失去了尊敬。"心不在，不得理"，心若不在，便永远得不到理。理貌似是客观的，但是对于存在不存在这个问题，还是取决于对待理是否有诚意正心的态度。像孙子能够得到军事的理，范蠡能够得到商业的理，都是用他们的心。

"诚了意，心物一"，意一旦诚了，心和物就一体化了。"心物一"的状态也叫诚合了天，就是把先天的能量接上了，这其实是我们本元的元宇宙，"天命之谓性，率性之谓道"。比如练武术，有些人练成了，有些人没练成。如果后天的锻炼方法合了先天的基础素质，很快就能够练成；如果合不了就永远练不成。而知行能够合一的根源，恰在心物一体。

诚合天 得先天 随事物 精察理

《中庸》讲"诚"是天之道,"诚之"是人之道。心真诚,天人合一,与天合德,天心合一。天是先验合理性,诚合天,落实在身上,你身上那些先天的能量能够给你力量。人是个能量场,所有学说其实都是能量场。用概念化的东西,比如名言,就得不到思想的真谛。要是能够契入它,它就属于你;切不中它,就得不到它的滋养。

"随事物,精察理"是具体方法。"精察理"是王阳明常提的,要你随着事物走,不能一厢情愿。绝不能粗心大意,只有"精察理"才能知性、知天,才能尽物性。"随",你必须干啥就随啥,随着这件事,精察它的理,又不能逐物忘己。

明所以 心理一 物归心 成理性

其实没有悬空的理,理就是事变人情背后的原因。明了"之所以",找到了"是因为",心和理才是一。

"心即理"就是心和理一体化。所谓理性就是摄物归心后的明白。所以说"物归心,成理性",就是让物归了心,而不是让心归了物。让心归了物叫逐物,就跟着物走了;让物归了心才叫理性。"物归心",不是一个悬空的心,也不是一个僵化的物,它们是一体化的,而且矛盾的主要方是心,这个时候才叫"成理性"。

尽心性 适穷理 空格物 谬千里

只有尽了心性，才能够穷理。必须像居里夫人那样工作，三心二意、半信半疑，将一事无成。"尽心性，适穷理"，来不得半点虚伪和骄傲。当然，也不是像"蚂蚁爬大象"那样日格一物地穷理。其实朱熹的认识论也不可废，随物察理时用得着，只是要明白逻辑起点在心不在物。把原点挪过来，就把认识论变成功夫论了。认识论是主客二分的，功夫论是主客一体的。主客一体的时候，你心里的各类管道都打开了，能够更好地"格物致知"，才能真正随机而动。

为了强调这个窍门，王阳明特意提过"研几致知"。穷理尽性是心学和理学通用的口号，心学侧重尽性在先，你的心不能尽性，理也就穷不了。心学就是从人的主动性说起，你要能够尽心知性，把自己的全部能量都用出来以后，才能掌握物的性，也可体现自己的心能，实现自我。穷理是彻底掌握理的意思。心物之间的"几"更是关键点，"研几致知"更醒目切题。不过王阳明为了随着大多数人，只提过一次"研几致知"。

为什么"空格物"就会"谬千里"？一是空格物格不成；二是即使格成了，你的人格也没有完成。格物能够得到专业上的知识，但是人的生命没有获得整体提升。当下，科学与生活分裂，这是胡塞尔研究现象学要关注、解决的问题。胡塞尔的现象学和中国的心学是一回事。所以西方的科学家一直在呼吁，必须用道德来统领科学。

理之灵 知致之 心如镜 磨使明

　　理不是僵化教条，而是有灵性的，"理之灵"等待着心去拥有它，这叫"理之灵，知致之"。我们的生命是一个场，参与了所有的过程。场里面有个能量的沟通问题，"理之灵"靠我们的智慧去拥有它。就像心的能量亘古长存，只有王阳明才从那把心学标举出来。王阳明临死前说："所学才证得几分。"而他同时代的那些名利地位都比他高的人，也都没有得到理。

　　心像镜子一样，只有磨才能明亮。"磨心镜"是指用反省功夫克服思维局限。

磨心镜 能照真 诚之后 善出智

　　把心镜磨亮，就能够把物体照清楚。"能照真"是指照得很真切，心性水平也提高了，观照技术和能力也提高了，所以说"磨心镜，能照真"就是磨刀不误砍柴工。真诚达到了志士仁人的程度，善良就能出智慧。因为诚使你尽了心、知了性、知了天。

心之体 明觉性 是与非 了了明 知是非 尽万变 通物性 顺人情

　　心的本体是什么呢？就是一种"明觉性"，这是一种先天的、本能的，不用换算推理的直觉。在是非对错面前人人都有这种觉

知性，就是心体的良知。过去觉得阳明用知是非刻画良知有点小了，后来觉到是非就是个对错，天下事对了就合规律、合目的，良知能给我们"第一性选择标准"，这还不是最伟大的导师？所以阳明说"千圣皆过影，良知乃吾师"！

"明觉性"，是本体自具的，犹如光源自备的心灯，它自己就能发光发亮。但是我们后天外添了许多欲蔽知障、私心杂念，把心体遮蔽住了，就像铜镜上蒙了昏垢。学习、修行就是去蔽障，把镜子擦干净。心灯具有的照的能力，叫"明觉性"。

在心体良知这个大圆镜智面前，是非正误了明，非常简单。你如果知了是非，就能够尽万变。王阳明说，天底下这么多事，林林总总，就是人情事变，而事变也在人情中。所以说"知是非"，你就可以"尽万变"，你能够用良知的心来面对任何事情并正确处理，这是"心即理"的意义。

我们最正确的态度就是通物的性。庄子说，你看那个鹤腿挺长，你别去给它砍短，还有一种野鸭子，你看它腿短，你别给它续长。"通物性"是心物一元的门槛，人类宣称人定胜天带来的灾难还少吗？

所以我们应该强调"顺人情"，这是人道主义原则，是天理。要想把天下的事情管好，必须遵守天理，不能倒行逆施，任何权力的傲慢、暴力的嚣张都会搬起石头砸自己的脚。

心体蔽 临事失 昧良心 无人性 与圣贤 常印心 心不印 语无益

临事惊慌失措，再有本事也会一败涂地，因为意识心把本真心盖住了。此心不动说的是本真心，简称心体。它是君，它一乱动，六神无主，手足无措。心体被逮蔽了，都会临事而失。心学是修心炼胆的，把心修好、胆炼成了，就不会临事而失。心体怎样才能不被障蔽呢？只有时时处处、知行合一地致良知。

人们常说良心是做人的底线。"昧良心，无人性"是历史的常态，功利主义被道德理想主义抗拒，根在这功利易昧良心。昧了良心就是恶，没人性就是恶。

"与圣贤，常印心"，与圣贤心心相印那就是与圣贤同理心了。心即理就呈现出来了，这个理是状态性的。"栖鸟枝头说道真"，你跟它相印了，它的声音就作为一个乐音传进来了。

心不相印，说破嘴皮子都没有用。语言是传心的符号，心不相印，语言没有办法传道。阳明心学就是让你把自己的能量极限化，而且永远不要说"我行了"，而是说"我还在路上"。

人非器 是目的 心即理 唤自律

"人是目的"这种说法到了西方，十八世纪思想启蒙时才成为一个共识。人是人本身的目的，不再是其他任何一种工具。中国文化的"人文"气质就是以人为目的的文化，天地人三才合一。将"人是目的"加以巩固和使之辉煌的是心学。

人是目的，心即是理，它在操作上的直接后果就是要求你严格自律。朱熹的理学是他律的道德，王阳明心学把他律变成了自律，自己要求自己，是内在化的要求。自律比较可靠，他律非常容易走向假大空、作秀和欺骗。说心学的一个根本要求就是不自欺，不能自己欺骗自己的良心。

外求理 必遗内 徒知闻 不生慧

要是去心外面求理，就必然会丢失内在的要求。王阳明"龙场悟道"就说，以往去外头求理都错了，应该回到内心里面来，从内心里面去印证这个圣学的道理。

"徒知闻，不生慧"，那些闻见道理不从你的内心里长智慧，这还是向外求理的弊病和后果。智慧是从你内心和感觉系统自然生成的能力。

主观蔽 力戒除 私心障 必去之

人们说王阳明是主观唯心主义，这是最冤枉的一件事情。王阳明最恨主观主义，因为心物不通、一事无成。经验主义害死人，是用过时的东西匡削新生事物；主观主义更害死人，是一厢情愿的打仗。

用愿望来代替判断的体系都属于主观主义，把自己的私心杂

念当成必然规律。这种私心障碍一定要去掉，私心正好把天理给挡住了。

心躁者 其动妄 心荡者 其视浮

躁的时候不要动，动必是妄动，先静下来再说。一个人的心如果躁动不安，这个人必然会妄动、多动，起心动念必然妄，他一做就会犯错误，就会钻进别人的陷阱。自己静下来，让对手躁，想办法让他躁，他一躁就露出破绽了。所以，要眼神沉稳，不能贼眉鼠眼的。即使需要迅速观察环境，也不能眼珠子滴溜乱转，更不能目光飘浮。

心歉者 其气馁 心忽者 其貌惰

平时不集义、胸中没有浩然正气，内心里不充实、不饱满，更有甚者还有股做贼心虚的软弱，"馁"是失去了精气神的状态。这种人就刚性不足，难有出息。无欲则刚，积累正能量，遭遇挫折保持乐观。触底反弹、绝地反击才会突围、胜出。

"心忽"，可以用没有责任感来形容。"貌惰"就是在气象上比较堕落，这个堕落是个什么状态呢？有时候蛮横也是一种堕落，有时候没有方向也是一种堕落。首先应该具备坚定、正确的精神方向，就是立志；其次面临大事有静气；最后要训练专注，置心一处，无事不办。

善恶事 一念起 万化源 总在心

王阳明强调，善和恶是一体的。也因此中庸是那么重要。守中庸是守念头。王阳明的原话是"万化根源总在心"。化是宇宙规律，因而也是世间万事万物的规律。善恶、选择、判断都在一念间。

聚感觉 成观念 化经验 成思想

感觉是瞬间应悟（不单是应物）起的，逐渐积累就成了理念，这是自然之理。积累感觉有了自觉性，终会把它凝聚成理性的、有结构的思想，这就叫"聚感觉，成观念"。

我们每天的体验，经过反思、克己省察，条理成思想后就思想自由了，这个时候就可以往"独立之意志，自由之思想"进军了。凝聚成思想也是一个将直觉变成理念的过程，这是为了把生活思想化，否则经历了痛苦也没有意义，经历了欢乐也无法凝聚成正能量。

意志力 根本慧

"根本慧"在中国儒释道里叫慧命，它产生于西方人认为只有上帝才有的"智的直觉"。知、情、意是康德总结出来的构成人性的三个支柱，包括智慧、情感和意志。这个意主要是"意志

力"，"意志力"就是"根本慧"。叔本华讲世界是意志的表象，意志是生命力的根源。尼采又把它推进一步，说你一定培养一个追求意志的意志，叫权力意志。一个人活得有没有纵深感，有没有高度，就在于他有没有追求意志的意志，追求意志的意志就是我这里说的"意志力"，它是产生任何直觉、思想、观念的能源起点。

体要虚 功要实

本体要虚，心本体本身若是抽象了就是无，无善无恶心之体。本体一实，这个人就不会高明了。

本体一定要虚，功夫一定要实。功夫若不实，那人一辈子也不会成全自己。这是王阳明本体功夫同一论的浓缩："体要虚，功要实"，让虚灵不昧的心活泼泼的。卡夫卡也说过：精神不能支撑东西，如果支撑着东西就不自由了。体不虚，则被你的欲念拥堵着，心力就不会增长了。就像杯子有了水，再倒就满。功夫要实，首先把杂念清空，而且要时时克己省察，无情地解剖自己。"慎独""谨独""良知就是独知时"，功夫一定要真真切切、实实在在。

王阳明去世后，心学冒出一支良知现成派：良知人人都有，是现成的，我们不用再修炼、努力了。但其实王阳明早就说过：良知现成，人人都有；但功夫不现成，只有把功夫修到了，良知才归你。做功夫的时候一定要实实在在，做功夫包括打坐、练呼吸、克服私心杂念，把学到的思想落实到自己的思维上，这一套训练过程，来不得半点虚伪和骄傲。

无功夫 没本体 由功夫 得本体

要是不做功夫，就回归不了心体。心本体和仁本体、易本体一样，不是"一物"，而是以感应、感通为体，如同仁以感应为体，易以感通为体。做功夫上了道，能够接通心本体的能量，也就能业尽情空、性天独朗。没有功夫，就出不来性天独朗的本体状态；功夫丢了，本体就失了。这对每个人都提出了更高的要求，这需要拿出真东西来，王阳明也是靠《传习录》和杀贼平叛的证据。心不是着空的，以与物一元为体。由功夫得到本体的过程，也是个心物一元的过程。

仁显体 智显用 全体用 乃心要

善良和慈悲是显示良知本体的，智慧是显示本体作用的。"仁显体，智显用"，心学的要求是全体用，不能只当老好人，却没本事。全体用就是德才兼备、德艺双馨，把仁的本体显示出来。

修炼好了心体，碰见事情能够发挥出来，这个过程叫作"全体用，乃心要"。内圣外王的关系就是体和用的关系，内圣是体，外王是用，所以内圣和外王是一回事。

明了心　众理具　心即理　建秩序　于器相　见道理　始条理　终条理

　　"了"，是究竟义。《了义经》讲的是一真实相。"明了心"是明心见性、开了悟的"虚灵不昧"之心，就"众理具而万事出"。朱熹和王阳明都说过这句话。有人说，朱熹都这么说了，就是承认"心即理"了，那理学和心学还有什么差别呢？其实这是个功夫次第上的分歧，陆九渊要先立志，王阳明要先诚意，他们都承认只要心达到了这种明了状态，就具备了各种理。王阳明整理的《朱子晚年定论》也几乎在说"无功夫，没本体"了。

　　坚信"心即理"，就可以理直气壮地给事物建立秩序了。这是阳明强调格物是"正物"的意思，使不正之物归于正。这就是在做圣人的工作。圣人是干什么的？是序物的，就是使事物产生次序。

　　论证心即理的目的是普及这个理念，从而唤醒我们在工作中建立秩序的自觉性。今天有使命的团队也要建立这种自觉性，这也是后面说的"致良知"的要义，"致良知"是把良知体现在工作的方方面面，使工作的对象各得其理。从具体做法上说，要从器和相上看见道理。器是工具，相是表面，你能在工具理性当中看到价值理性，能透过表面现象看到本质，你就有了"建秩序"的本领。

　　"始条理，终条理"，这是"建秩序"，你把自己的经验、感受，以及与周围人的关系条理化。"始条理"是良心为初心，"终条理"，是致得良知。理是本体，条理是功夫，事物万象森然，理贯彻其中。"条"是把理拉出系统，变成体系，形成一种结构的力量（礼）。"礼者理也"，制礼作乐就是"始条理，终条理"的运作。

用礼来规范人的活动，来存天理、去过分的欲，这也是致良知的社会成果。

使感觉 有组织 使精神 合目的

这一句提出了更高的要求："使感觉，有组织。"我们的感觉不能像毛毛虫那样，扎一次伸缩一下，那就没意思了。我们的感觉要有组织，比如说自然的感觉能够变成审美的感觉，你的感觉就获得一个美的组织，你就有了高超的审美力。提升审美力是提高领导力的重要途径。

这是一个把直觉理智化的功夫。直觉贯穿理智，二者是互动的。让感觉有了组织，这也是直觉贯通理智。感觉与理智相生之后，就能使你的精神符合"人是目的"这个大原则了，就能保证你的作为是建设人性的了。

使事物 合规律 能一统 心学立

致良知是使事物皆合乎良知。所谓的平天下是使天下事物各按照自己的规律发展；所谓的天下为公就是以公心治天下。康德说美就是合目的与合规律的统一。合目的是善，合规律是真。美是真、善的统一。

艺术应该比现实高，思想更应该走在现实前面，至少心学要

走在现实前面。心学把感觉组织起来，就有了理性的力量，不但让精神有了方向、合了"人是目的"这个人道规律，还能使世间万物合规律发展。心物一元：合了规律，合了目的，这样具有强大精神力量的王者心学，就万世不易、共三光而永光。

知行一

意发动 即知行 知是始 行乃成

"意发动，即知行"，说的是天然的知行合一，意念一起即知、即行，行既是意念开始活动，也是意念在相续运行。强调知行的合一性和它的本来面目。从格物致知的角度说：物格通了，致知才算完成；物没有格通，致知没有完成。格物致知和知行合一就是这样打通的。

知行一 不两分 学即思 思即行

知是个开始，你落实到行动上，才算完成，这样才叫知行一，不要把它分成两件事。人一盘算就脱离了初心直觉，也脱离了事物的本体，也脱离了心的本体。

阳明从思维上说：你一开始学习，就是在思考，学习过程是心意运动、思想体操，你的知情意时刻都在互动。所以你一开始思

想就是在行动了。因为意念一发动，本身就是一种行。

循理动 动如静 志熟处 无闲话 心上认 仁智融 集义久 自有勇

　　"循理动"是从动静合一的角度深化知行合一的功夫。王阳明说你要想让心不动，很难。人的心做梦的时候也是在动的，但你要循着理动。动要是沿着理来动，动也和静一样了。静能生明，静能生慧，安静的时候不犯错误。

　　终日说闲话是胸无大志人的知行合一处。从立志到志熟，靠功夫。志熟的一个自然特征是无闲话，也不再动摇、起伏了。志熟的内涵是"心上认，仁智融"，不再是口头三昧，而是深心认可。内心的自然选择，良知成了良能：仁和智水乳交融，互根共长。

　　平常的时候，要在心里头积累正能量，这叫集义。集义就是在平时操存着圣人志气，提住自己的浩然正气。这种浩大至刚的阳气养成中正而仁智融合的勇气。你把这些正义的能量在身上叠加，久炼成钢，然后你就有大丈夫气概了，也就有了勇了。这勇很重要，就是我们说的"敢担当，三不朽"，担当就是勇。

三达德 交相养 有根生 无根死

　　"三达德"就是仁、智、勇，是中庸至德的三根支柱。没有勇，就达不到中庸的境界。知行合一是成本最高的学说，要坚守

自己信仰时需要付出高昂的代价。仁智勇的关系是互相贯通、扶植、培养的。有了勇你才能够仁。智慧也是一样，勇气对智慧也是一种支撑、滋养。

三达德能否交响起来，要害就在有根没根。这个根是什么？这个根就是志气。你自己有这个志气以后，这三者自能交相养。你自己没有这个志气，佛菩萨怎么教、国家怎么要求都没有用。

为什么讲知行合一先突出立志，而且下面大篇幅絮叨呢？因为，立志是建立价值的知行合一，这与自然的知行合一相比，还需要人来努力。

志气者 初发心 无生有 凭立志

志气就是初发心，像王阳明小时候立志成圣人，就一辈子用圣人的标准要求自己。他被发配到龙场，想的是：圣人至此会怎么办呢？从过程上说志是气之帅，统领着精气神，有志，气才会愈挫愈勇。

我们常说要无中生有，无能生出有来，靠什么？靠的是你立志、发心、起兴。许多创业故事都是这么开始的，无生出有来，起脚于创始人的宏大志愿。

志不立 永无主 志不定 事不成

自己做自己的主人是每个人都有的心愿。这是价值观、人生

观的初基：人，怎样活？路，怎样行？建立这个志向，是确立人生坐标的纵轴，使你冲破重围，做自己的主人翁。如果纵轴不立，你的精神没有得到确立和发展，更别说人格的圆明、生命的庄严了。贵为皇帝，如商纣王、梁武帝，一个作恶，一个行善，但没有明心见性，一样做不了自己的主，一样活在绝对的被动状态中。

有了志，但是它不坚定。碰见风吹草动，他就忽悠，碰见严刑拷打，他就背叛，这样的人一事无成。定就是克服任何艰难险阻，战胜一切不可战胜的东西，这样就能够做成事情。王阳明剿匪以后就办学校，在广西平完思田之乱后，那地方积年匪患，根本办不成学校。但是王阳明就在短时期内建起了学校，这就是意志坚定。

种树者 培其根 种德者 养其心

树要培根，人要养志。你要种树，就得把根须这部分培护好。你要种德，你就养心。你要是志在成圣贤，就要养你的浩然正气，要培育你心本体的正能量。这是王阳明的经验之谈。

欲树长 去繁枝 欲德盛 去外好

你要想树长，就把分化营养的繁枝去掉。你要想道德盛，就把功名利禄、升官发财这些道德以外的嗜好都去掉。

心专直 方为志 志不直 则为伪

专是凝聚，是真切贯穿的意思。心要凝，无事不办，直就是不拐弯，不委曲，不打折扣，就是浩然正气，直冲天花板，达到这种心态，才叫立志。"方为志"，这才叫有了志气。

如果志不直，则为伪。直是"仁义行"，伪就是人为的"行仁义"，出于外在的考虑"行仁义"。不是自性天然的"仁义行"，则为伪。

私气狭 妄志邪 志帅气 德摄行

心，虽然是无量的，但有了私心就不再与天地相似了。私生妄，妄的本质是认假成真。这都是直的反面，违背了良知的根本直觉。这个志为什么这么重要呢？因为志能把能量引导起来，给出方向。

如果说气看不见，那行是看得见的。就像你的德性控制着行为一样，你的志统帅着你的气。

持精一 如心痛 养德深 通众心

王阳明似乎只承认心学十六字心传："人心惟危，道心惟微，惟精惟一，允执厥中。"他一生都在"惟精惟一"上下功夫。王

阳明常说的是"持志如心痛"，你保持志的状态，就好像心口疼一样，哪有工夫说闲话。志立牢了之后，德性就养深了，然后就可以通众心。这就叫建体致用，也是心性之学的道理，它有个体面的名相：内圣外王。内圣外王也是"一"，不能"二"，一旦"二"了，就又成了野心家、阴谋家的跑马场。

《吕氏春秋》说天下是天下人的天下，这是德深到极处，是无我，以众人心为我心，"通众心"才是"亲民"。于此也看出王阳明主张的《大学》的原文是"亲民"，比朱熹的"新民"说仁道。"亲民"是以民为亲人。如果是"新民"可能是在居高临下地改造人民，嘴上还说为人民好。

百姓心 即我心 保商业 重民生

亲民落到实处就是以百姓心为自己的心，才叫通众心、仁政爱民。保护商业是阳明心学的一个新亮点。过去中国是重农抑商，商业像自由基一样，会带来社会的不稳定。所以农业文明自然抑制商业的发展。王阳明是执政为民的古典模范。他有一系列保护民生的"说教"：禁止敲诈、剥削商人和小民，在工作当中保持着警觉和清醒。要力戒粗暴，要洗去贪婪和卑鄙。王阳明作为教育家，留给官场一笔丰厚的人性教育遗产，足资后人发掘整理、创新性发展。

生生德 感物通 有良心 仁道行

仁为什么叫爱？因为仁开的是生门，天地之大德曰生，仁哺育的是生机，大地的仁是生长百物。尊重生生大德才能感通物的性，从而知物性、尽物性。不能有"人定胜天"的傲慢。不尊重生生大德，就不可能通物性、感物情，"万物一体之仁"就是一句空话。开放、保持感通态，顺着各自的本性和规律工作是心学的智慧。这智慧保住了心学的尊严。

心源明 拿住几 诚意通 占先机

心是力量的源头，也是光明的源头，心源光明了以后，就有了智的直觉，能"拿住几"就可以应对天下万事万变了。事变里面最微妙的就是几。如何把握形势的先机先兆呢？只有靠诚意，诚意通，就拿住了几，占了先机。

能通几 事成功 心术通 立奇功

通几是比通众心更精微的要求。通众心解决出发点和基本立场问题，可以使你成为一个好心人，能不能办成好事还要"通几"。几是兆头，是微妙的关节点，是决定成败的那个"寸劲"。

最能验证知行合一效果的是军事。历史是个势利眼，没有军

功，王阳明不会被人们如此看重。他能"立奇功"，因为他的心与术通了，心性功力转化成了用兵艺术。

奇兵巧 习中来 因敌变 索其情

用兵巧妙靠什么？靠训练。说王阳明打仗打得好，不知道王阳明练民兵练得早。王阳明到了江西，他就训练民兵，宁王的谋士还嘲笑王阳明：这个书呆子，打几个山贼还值得这么练兵！其实王阳明以对付山贼的名义训练民兵，是准备对付宁王突发事变的，这叫"奇兵巧，习中来"。打仗时必须根据敌人的出招，做出反应。而且必须走在敌人前头。

怎么走在前头？就要"索其情"，通过各种情况知道他想干什么，然后你才好发兵布阵。阳明初到赣州，发现无论官军干什么，土匪都知道。一次退堂后，他把一个老吏叫过来交代通匪的实情，晓以利害。老吏如实交代。阳明让他散布假消息回去，从而以少胜多扫除积患。"因敌变，索其情"，是唯物主义地尊重事物规律，他绝不是主观唯心主义。知行合一是用来格物的，格物的本质是格斗。

夺其大 断其根 四两牵 敌身颤 咽喉上 一刀现 杀少数 度大千

"夺其人"就是打要害，"断其根"是动摇敌人根本。譬如平

宁王先打南昌。先用间谍散布诸路勤王大军来镇压的假消息，迟滞宁王出兵。然后绕过宁王的主力，直插南昌，夺了宁王士气。

王阳明在所有的矛盾当中抓主要矛盾。剿匪时，王阳明也贯彻这个原则。历史上像林则徐这类好官，都有一个原则：我杀少数是为了活一大片。杀少数是为了超度更多的人。如果要是为了自己去杀人，那叫罪恶无限。

利己杀　罪无极

为将最难的是什么？是不求名，不避罪。有些人为了建立自己的功名，不该打也打，不该杀也杀；有些人怕打败受处罚，就不作为。这都是导致在战争中被动的原因。尤其是鸦片战争，那些总督和衙门的大臣就是避罪。明知道上面的决策错了，也要乖乖执行。所以"天朝的崩溃"就因为他们躲避罪名，不面对事实。

利国家　生死以　仁极仁　义极义

这是志士仁人的奉献精神。王阳明说"苟利国家生死以之"，林则徐改成了"苟利国家生死以"。天下的重心在人民，国家的重心在朝廷。"仁极仁"，就是达到仁的极限；"义极义"，就是达到义的极限。这才是"明明德"。

明明德 在亲民 亲则仁 仁则生

"大学之道在明明德",第一个"明"是动词,把这种美好的道德发扬光大,让其极限化。明明德的落脚处在亲民,为什么呢?和老百姓亲,自然就会实行仁政,这叫"亲则仁"。仁了之后产生的是生机。

政事剧 学问地

王阳明的一个学生说自己工作忙,没工夫读书。王阳明就训他:"我什么时候让你闭门读书了?你在做工作的时候,也是在做学问。""剧"是多,越忙破头越是你修心练胆、培养智慧的时候。所以叫"政事剧,学问地"。

学与政 思与事 知行一 在意诚

中国文化的特点就是用学术培养人才,用人才改进政治。从孔夫子开始,通过他的学说来影响政治,这叫作"施予有政",我自己不当王,但是我的学说要指挥王的头脑,这是儒生持久的理想。所以王阳明也多次强调他要新办书院培养学生,他认为这就能改变政治生态。

所以说学术和政治是一回事,你的思想、事功,和事务性工作是一回事。把他们打并为一才叫真诚。

186

知达政 提住心

"知达政"是说良知能够抵达政治作业，就靠"提住心"。刘宗周说王阳明对天下的贡献就是，天下的心已经坠地破碎了，王阳明来恢复，靠王阳明为天下提住了心。今天所有心学朋友都是想提住自己的心，这是时代的要求。

静养中 动恻怛 一心妙 圣王合

把心静下来养内在的中庸之气，也就是"养中"。中是东方哲学的最高标准，是动态的恰好。儒家叫中庸，佛教叫中观，也叫中道。恻是恻隐之心，仁之端也。怛是不打折扣的真诚。王阳明多次用真诚恻怛来定义良知。恻隐之心和真诚给的勇气、力量，都能够合成一心，达到一种妙觉妙悟。觉妙悟的标志就是内圣外王合一，就是"圣王合"。这是知行合一的最高表现，也是知行合一追求的目标。

体为圣 用为王 内圣具 外王备

从内圣外王的角度说，个体就是圣，要求我们以圣人的境界作为本体；这种用就是王，做什么都要做到最好。圣强调的是德性高，王强调的是能量大。合一强调体用不二，不能分做两件事。这

是个完美的教育方针：如果你具备了内圣，那么你的外王的能力就已经同时具备了。所以这叫内圣具，外王备。

倒过来说叫"外王不备，内圣不具"，相当于实践是检验真理的唯一标准。不能单凭口说，必须拿出真东西来。

成圣功 在收摄 成雄功 在发用

成圣的功夫在收摄，把智慧、宇宙天地的信息和能量往回卷。要成雄，要杀贼王、擒反叛，要成雄的时候叫裂变，得去战场上炸响。

架空度 愧为人 意不诚 心物二

每个人都是限量版的，架空度日、虚度年华、自暴自弃，病根在没有真诚地立志，连自己都糊弄，是对自己的生命也麻木不仁。把生命和生活分开了，这是最普遍的心物二分。这个二分表现出的症状是木然无感、茫然无思，"当境了知"和"泛应曲当"的良能，已经不可见了。无感无思来自麻木偏枯、私小愚暗。

有间隙 变诈生

心物二分就知行不合一了，就"二"了，其实是人格撕裂，

言行歧出、阳奉阴违、双标变换、二重道德，各种机变诈巧自然就滔滔汩汩了。鲁迅说中国人一盘散沙，每一粒沙都是一个皇帝。我补充一句，中国是政教一体的，皇帝又是当然的圣人，所以每一粒沙都是圣人。为什么中国的民智这么难开？许多人总结了许多条，我再补充一条：这些沙圣人，都有狼、羊二重人格，当狼的时候有一套狼的"圣人训"，当羊的时候有一套羊的"圣人训"，他们永远有理！这个"间隙"不是用来虚怀若谷的，而是用来开合自如的。

亲情伪 百病生 拔恶本 塞毒源 弘大道 学致用

"亲"是儒学给这个世界的一个巨大贡献：以亲为原点辐射成中国特色的关系伦理、角色伦理。中国从最自然的亲情衍生出一套忠孝名教，这是人为之伪，难保不虚，难保不假，尤其在权力诱惑巨大的宫廷。

为了根治思想意识上的各种毛病，王阳明提出了一个拔本塞源论。本是根的意思，把毒害世道人心的思想流毒的源头堵住。本和源都在人心里，所以他建心学来治心病。

心学不是说文解字的学问，知行合一的心学主张建功立业。只是要用良知来建功立业，不能造业。"弘大道，学致用"，这才叫心学的胜利。

心主宰 不着空 不逐物 术圆成

下面侧重介绍心学治疗心病的基本理路：如果以心为主宰，尤其是以良心为主宰，自解愚蔽，不架空度日、不追逐名闻利养，在事上磨的时候，就达到了一种成熟的境界。至于"术圆成"，其起点是"去夫外诱之私，充其本然之善"。

去轻傲 去做作 勿好名 勿逞技

一般的人都有一点轻微的傲慢，轻视别人。王阳明多次告诫子弟们，一定要消掉身上的"轻傲"，那是活埋自己的武器。还有"做作"，活给别人看就是做作。"好名"就不用说了，"逞技"就是炫耀、画蛇添足。

戒惧慎 破我执 克私欲 去我见

戒惧乎其所不睹，恐惧乎其所不闻。就是没有看见、没有听到的，我们也照样要警惕，因为它迟早会表现出来。这种"戒惧"的功夫叫慎独，就是没有人看着我也高度警觉，这与做作、活给别人看的做法截然相反。"戒惧"达到这种程度，这就是你自己审判自己。私心杂念从脑子里一闪，别人都没看见，但是你自己知道，就一定要跟它进行斗争，把它克服了。

很多人要求别人必须按照他的意思来，这叫"我执"。"我执"产生的是愚；"法执"产生的是痴，痴生蔽。迷信一个东西，就再也接受不了与之相异的任何信息。

"克私欲，去我见"，克服私心杂念，去掉个人的狭隘、片面的见解。"我见"就相当于以管测天。沉溺于一孔之见，容易怙过妒能。狭隘了就不能周知遍感了。清儒治学有两句话值得我们共勉："不以人蔽己，不以己自蔽。"

能克己 方成己 攻吾短 是吾师

能够克己才能够成己。克服一分愚蔽，就能成全一点德性，它们之间是不破不立的关系。孔子讲"克己复礼为仁"，克己方成己。

在这个过程当中，谁能指出我的缺点错误，谁就是我的老师。"子路，人告之以有过，则喜"，这是侠儒的英雄本色！

去谄谗忿 常悔悟 笃行之 进德梯

"谄"，谄媚，巴结讨好；"谗"，造谣生事，好乱乐祸；"忿"是羡慕嫉妒恨。对于这些毛病，王阳明的原话是"必去之"。要把这些恶本和毒源拔掉，这功课怎么做呢？就是常悔悟，"悟"就是绝不再重犯。然后笃实落实，这是道德进步的阶梯。有些人天天悔悟，但不去执行，这也是玩弄光景。

悟后修 存养心 扩充善 恶不来

不开悟，所有的修都叫盲修；悟了以后修，这时就是存养。存养，就不会无感无思，公明就能光景常新。"三人行必有我师"就是一种存养。存养心的原理就是把内心的善扩充，恶就进不来了。善不扩充，有坑洼、凹凸的地方，那就是恶生长的空间。

一机入 天门开

怎么开悟呢？一机契入。我没有开悟，自然讲不出真机。打个比方，六经不通，那就通一经。我诗歌方面有天赋，我就专修《诗经》；我对政治、历史感兴趣，我就专修《尚书》。万法归心，心归何处；万法归一，一归何处，就死缠这一个地方。这样一旦深入了以后，就会心开悟解，天门大开。

童心存 不饰容

"童心存"，便是一派天真烂漫。自从阳明的徒孙李卓吾标举童心说以后，"童心"就成了良心的代言人。从公安派的"独抒性灵"到独贾宝玉能呼吸、领会那遍被华林的悲凉之雾，都是童心的"应迹"。

法自然 得天真

道法自然，不是说另外还有一个自然存在，而是说自然是自己的样子。周作人说五四运动起源于公安派的"独抒性灵，不拘格套""我手写我口"，其实是锐敏地捕捉到了心学思想解放的能量。心学的底牌是"法自然，得天真"。得自然的天真，就会不去当奴才，不去当反人类的工具。要用良心应世、不能昧良心地助纣为虐。

气不刚 杂染浸

如果你的气不刚、志不诚，扩充善做得不好，这就叫气不够刚直。如果气不刚，一些私心杂念，带着各种小毛病、社会风气和个人的习气都会来污染赤子之心。

事上磨 立得住

怎么对付那些私心杂念？那就是在事上磨炼，在实践中坚持初心和良知。经过事上磨炼后还能立得住，这才叫知行合一。在事上反复磨炼的过程要求细心。

细心处 得力处

王阳明胆大包天、心细如发。他细心的地方正是得力的地方，"惟精惟一"讲究的就是这个。卡夫卡说过，为什么人类被上帝逐出来后就再也回不去了，就是因为我们不够耐心和细心。细心很重要，其实在细心之后，才能够和"几"相契。

心妙明 在知窍

心的能量达到光明无碍的高度时叫"妙明"。这个不是形容词，"心妙明"了就知道了窍门。"窍"相当于锁芯，只要能拨动锁芯，那这扇门就已经不是障碍了。

觉悟高 出静气 静生明 心灯亮

"觉悟高"了以后，出来的是一片静气。静气像静水流深，因为静能生明，这是个什么概念？就是把自己的心灯又点亮了。"静生明，心灯亮。"

常快乐 真功夫 理想成 心性升

王阳明有时候讲"乐是心之本体"，有时候讲"知是心之本体"。学生就问他：到底哪个是本体？王阳明说：从发动处说，觉知性是心的基本功能；但如果能快乐，这说明你活出来了。王门后学有首《乐学歌》，发扬光大了"常快乐"是"真功夫"这一思想。

理想也达成了，心性也提升了，这是知行合一的圆满境界。王阳明死前自言："所学才证得几分！"但是，他的"以行求知身心好"依然有效，永远有效。

致良知

知行合一的意思就是致良知。知就是良知，行就是致，知行合一和致良知的关系是一而二、二而一的关系。

为什么王阳明晚年单说一个致良知，也不再讲心即理了，也不再讲知行合一了，为什么？就是致良知包含了心即理，也包含了知行合一，而且更彻底。

变良能 成良知 致之者 推而极

好些人不知道自己的良能在哪里，就是因为他心失本体，昧

了良知。你能够焕发良知，是因为你有这个本能。良知良能是天命之性，人人本具。你要是良知泯灭了，就不知道自己的良能了。

致良知这个致是什么意思呢？就是推而极。你可以从好多方面去说。比如，致我心中的良知，就找我内心的良知。把良知落实到事物上，可以解释成落实。人有一点良知并不难，难在把它推而极。

王阳明龙场悟道后就觉世行道，唤醒民众、教所有的人，这就是一种推而极，显示的是一种磅礴的、积极乐观的品质。

致之道 在诚身 身心近 节目远 从心求 易而简 升本能 成直觉

这个致良知的道在哪里呢？在于诚意，就是反身而诚。你别天天去给人家当导师，自己还半通不通，就整天给别人去灌顶开悟。这都是不诚了。要反身而诚。你要想度他人，必须自己先度。你自己都度不了，泥菩萨过江自身难保，还去度人，是自欺欺人。

外在的各种项目是"末"，身心是本。舍本逐末，即使做的是仁义事也是"行仁义"而非"仁义行"，装不下去的时候，前面的讨好鸡飞蛋打。身心因被作弄，可能就由伪善变成真恶了。

从内心里面求叫易而简，你要去外头求，就是没有诚意就去格物，就是心转远，越追求越远。最后，夸父逐日，太阳没有逐到，人就报废了。

要说升本能成良能，就有点玄，其实本能里面有不良元素，

去改造本能比夸父逐日还艰巨，须用意识改变潜意识。坐禅、站桩训练的是这个，日久为功。直觉是个大字眼，西方人说只有上帝才有智的直觉。中国哲学，尤其是阳明心学，强调良知即直觉。要点在于升良能为良知，把自在的能量变成自由的能量。具体的训练，譬如通过各种艺术，比如写书法、弹古琴、作诗。你把你的本能的那种触动变成直觉，要靠艺术来升。还有就是在日常生活中常常保持着这种自我提升的警醒："常惺惺。"

心连心 意建意 心开悟 通天地

现代社会的共享经济叫心连心，钱生钱。用良知来共享的心连心可持续。用意念来建立意念，叫创意。本来没有5G，我们就要建出个5G来，有了5G以后，我们沟通更便捷。这叫心连心，意建意。心开悟，一切通，关键是你自己心开悟。

物格后 意始诚 落实好 谓致知

物格了以后，意才诚，事上磨出来的是经过实践检验的，没有欺骗自己，也没有欺骗别人。彻底贯彻落实了，这个才叫致知。所以格物致知啊，是致良知的一个科学的说法。

圣人心 青天日 贤人心 云天日 愚人心 霾天日

这是王阳明的比方，也是他的原话。圣人的心就是青天日，就好像晴天的太阳。这贤人的心啊，云天日，有时候飘过云彩，但是云彩过后太阳依然照耀我们。愚人的心就是霾天日，被阴霾隔住天空。

知见障 人欲蔽 克己省 良知出

霾是什么？是知见，是人欲，就是我们自己后天的那些污染的东西。怎么办呢？要克己省察，要克服自己的愚蔽私欲。省察就是反省，精察自己的私心杂念，在省察的功夫当中，良知就出现了。

民国的时候，有人说心学就两条，一个是省察力，省察是对付自己的，还有一个是果断力，该出手时就出手。省察以后，把那些霾、遮蔽的东西去掉，良知朗现。

尽心性 知天命 应天命 觉世行

孟子的原话：尽心知性知天。这是儒学的大逻辑！明心见性了以后，心性的智慧、光亮达到极限。应天命，一方面是感应上天的召唤，出来完成自己的使命，另一方面也是审时度势，天命不归白努力。

王阳明在悟道前，就没有应上天命，他东奔西忙、三变六找

也没有多大的影响和作为。悟道后他能应上天命了，所以他觉世行道的这条路越走越敞亮。人和天命的关系是互动的，应天命，要有一种感应、一种契合。时机不到，喊破喉咙也没用。

为善者 常格心 致良知 练出能

不能投机也不能躺平，纯正儒者只有修身以俟命。真正的修行不管成败利钝以诚意为先，要格物先格心。意诚心正、直心直觉面对人情事变，就有了善良出来的能量。

心得明 自睿智 神归舍 自宽裕

心本身是睿智的，宽裕的，温柔的，刚毅的，中正的，充满灵觉的。只是我们自己搞糟了，我们自己左一下，右一下，志立得不定，欲望遮蔽了良知。这心呢，就像被霾给糊住了。如果这个心得明，你就从黑暗中走出来了，走向光明。但是心怎么得明呢？这是有方法的，需要做功夫的。

静固智 自中正 诚恻怛 复自性

首先要静，静下来坚固你的志向。让你的神归舍。不要六神

无主，整天东奔西走，这样忙活一辈子一事无成。要神归舍，但又不能满足于自己知道的，要知无知、觉无觉，达到这种空灵的状态。保持真诚恻怛的状态，这样就回归了自性，致了良知。

圣凡别 在致否

成圣和当凡人的区别在于你是否去致良知。圣人努力致了良知，凡人就不担当，不承担，不努力，活一天是一天。不去致良知，那你就是凡人。你要去致这个良知，就走在成圣的路上。

谦善基 傲恶魁 能下人 志高远

谦虚是什么？是善良的基础。王阳明一个远方的朋友来看他，那个地方王阳明没去过。王阳明就问他那个地方的风土人情，听到自己不知道的就赶紧拿个本记下来。那个人就很感动：王阳明都名声满天下，地位这么高，年龄这么大了，听见不知道的还赶紧记下来，谁说心学是尊德性，不道问学的？

这种谦虚是你成长的基础，是你成功的基础。傲是罪恶的魁首。你一傲就拒绝了好多善良的东西。你一傲，你自己的那个恶性就出来。你能够比人家姿态低，说明你志向高远。王阳明教他的学生，与朋友"相处以下"。你能比人家低，说明你有志气，说明你的志向高。

能容人 是大器 意必邪 固我闭

你能够容人，说明你大器，最好像大海一样。意必固我，这是孔子坚决反对的四种毛病。意必，我把它概括成"邪"。意之邪在"妄断"，必之邪在"妄执"。

固和我，就是顽固和自我为中心。它造成自我封闭、自我设限，根子是自恋。自恋是自己把自己像囚徒一样关起来。

致良知 规出圆 有标准 随机动

致良知能改造世界的原理是什么？就是不以规矩，不能成方圆。规矩出方圆。致良知就是你能够有规在胸，自然就能要圆有圆；矩在胸，要方有方。这叫有先后有本末。

有人讲心学的奥秘就是此心不动，随机而动。此心不动是不动心，理上身，这个随机而动，你必须有标准，规出圆，矩出方，然后再随机而动。

仁智心 通真几 大慈立 出能力

你善良但是没有智慧，你通不了真几。你很聪明，心术不正，你也通不了真几。必须仁智心融合，你才能够通真几。这个真几叫作事物的奥秘也好，办成事的窍门也好，反正只有如此才恰到好处。

无缘大慈，同体大悲。这个大慈心立起来以后，就善良出能力来了，像菩萨一样，大慈力出能力。这是出能力的心源。具体修为要：

仁为宅 义为路 礼是门 六经户 周易辙 四书梯

仁是精神家园，是宅。义是道路，路径。礼是你入道的门口。"六经"是窗户，《周易》是辙，你沿着这条辙往前走。"四书"是梯，助你天天向上。你立志以后，这些经典对你都有帮助。

心苟放 勤无益 良知者 乃明师

《周易》"六经""四书"，都用来加持自己，你不能说，良知现成，我就不学习了，我就不努力了，那不是傻瓜吗。还有把心放到外物上去，去追逐成名，追逐发财，这都叫放。你如果把心放倒、放出去，没有入礼之门、走义之路，你再勤勉也没有用。

你怎么知道你的心放了还是没放呢？就是用良知，就是慎独。你自己有私心杂念，有不正当的愿望。这个良知知道，用这个良知做你自己的老师，这个老师分分秒秒地跟着你。王阳明有时候说话挺狂，他说，千圣皆过影，就是像电影一样，就哗一下过去了；良知乃我师，只有我内心的这个良知，才是我真正的名师。

心中贼 良知破 横逆来 良知化

心中有了贼，良知来破。破山中贼易，破心中贼难。

人不可能永远是顺利的境遇，不测的遭遇来了怎么办呢？用良知来化。皇帝怀疑王阳明，宦官整他，边将欺辱他。横逆所加，王阳明用良知来化。举个小细节，正好赶上过鬼节，阳明就作了一篇"哭鬼文"，把北面的皇家军都听哭了，都想走了。阳明的成功除了他的心意力，还有他手中的一支笔。孔子就讲过道德文章、心性是一体的。

为学处 化喜怒 为政处 哀变乐

怒起来了以后，你能把它化掉，化成欢喜心。这叫什么？这叫学。学，读书识字是学习，把自己从那个贪嗔痴化成戒定慧，更是真正的学习。怒火冲心的时候，马上克服。王阳明看见诬告信里面有一个跟自己走得很近的学生也在告他，勃然大怒，但是迅速觉得自己讨当，马上克制住。然后想想还是生气：别人告我，我能忍受；你也告我，怎么忍受？然后又克制住。这样三番四倒，最后终于化了，这个过程就叫学。

为政的要点是拿权力干什么。良心为政就是要把老百姓的苦难改变了，让他们安居乐业、过上幸福生活，这才叫"亲民"行仁义，叫仁政王道。

操得要 舟得舵 妙用之 圆而神

人事错综，情绪万变，在这个过程当中，你能够用良知导航，就好像航行的时候，把着那个舵了，操舟得舵就可以行稳致远。王阳明说只有良知是这个舵。

能够把这个良知妙用出来，叫圆而神。这圆呢，就是没有缺陷；这神呢，就是没有障碍。那就是全知全能了，其实这是无量心的一个体现。

变必应 圆镜智 心贵纯 辞忌繁

圆而神的表现是什么？就是有变必应，随感随应。为啥说良知是一种直觉？直觉是一种理性，它不用再换算了。就是有变必应，就像那武术高手根本不会想套路，有变必应。达到了这个程度，良知成了良能的时候，就成大圆镜智了。

想成为这种高手，你就要保持心的纯正。语言忌讳繁杂，如果这个人是个话痨，那他肯定心中无主。

反观照 虚己受 勿文过 勿徇名

你每天每时每刻都要反观照。王阳明好散步。有一天，他碰见两个家庭妇女吵架，王阳明就很认真地听。学生说："妇女吵架

有什么好听的？"王阳明笑了："你听，她们在讲学。互相骂对方没良心。"学生就问："既然说良心，为什么还吵架呢？"王阳明说："她们这个良心都是要求别人的。探照灯是照别人了，不是照自己的，咱们这个良心是照自己的。"这就叫"反观照"，而且"虚己受"。

保持空杯状态，就是虚己受。最怕半瓶子醋，你给它加点酱油，它也是醋，加茅台，它还是醋，为啥？那半瓶的醋已经做了底了。这就叫成功很难，失败很容易。所以必须要虚己。

文过饰非是人的通病。人文学科都是找借口的，人文学是借口学。徇名是为了得好名头而昧良心，许多名相委曲求全只是为了获得忠君的名头而牺牲人民。致知之道在日行一恕，去一矜。你每行一恕，每去一矜持，这样就落实了虚己受，就确实反观照，你的心就纯正了。纯正了以后就能不动心了，不去文过、徇名了。

能超越 日日新 良知得 证和谐 心通道 悟则得

有了这个不动的心，就有了定盘星，有了定盘星以后就能够规出圆了，就能够自己超越自己了，自己就像火箭一样，每天都在节节上升。这就是日日新。活到老，学到老。日日新，天天有进步。上不封顶，心学是希望之学，没有到顶的时候，当你说到顶了，就会掉下来。

良知得了以后啊，你就身心和谐了，致良知就像心回了家一样。每个人的心回了家以后，就各安其位，这个时候风俗就美了。

王阳明为什么走到哪里都办书院、办社学？就是为了让风俗变美。

心是能通道的，但是有人通了，如阳明，有人就没通，如我。关键在于他开悟了，我没有开悟。开悟的途径随缘设法，有八万四千烦恼就有八万四千法门。时时明心，终会见性。

正义感 直觉力 新感性 新能源

正义感是一种直觉力。需要见义勇为的那个瞬间，你上与不上，靠的是直觉。所以正义感是一种直觉力。

心学在哲学史、思想史上的贡献，就是恢复了感性的本体地位。美学美育，培养的就是我们的新感性，新感性是人类的新能源。王阳明杀透重围，开出一片生机，方法论的转变就是从教条理性转到生命感性上来的。到了生命感性上来，就有了源头活水。

信念力 长感触 常惺惺 居补处

性格是命运，人生是段选择的历程。信念来自选择。感触好像很土，其实是个变压器，每时每刻都进行内外能量的传输转换。孟子几乎是现身说法：从其大体为大人，从其小体为小人。心是大者，眼耳鼻舌是小者。格局大了，心胸宽广了，就成大丈夫了。这里面包含了理想，所有的思想，真正的思想都是理想的；包含了超越，超越就是不能满足现状。如果跟着舌头走就成了吃货。如果不长感触，就无思

无感、麻木不仁。心学说最可怕的是麻木：麻木可惧！

这个常惺惺，就是抵抗麻木、抵抗自小！居补处，就是时时给自己充电，不能断了给养。

愈真切 愈简易 妙觉力 良知力

对大信念、小感触都要真切，越真切越容易。如果找借口、不真切，最终会打水漂。

功夫上身就有妙觉力，大侠交手不眨眼，有了危险后脖梗子会激灵，是完全的灵觉感应，叫良能用。这良知的力量什么时候能够达到本能的状态，那就妙觉应世了。

脱桎梏 度自己 拨迷雾 度苍生

人生而自由却无往不在枷锁中。名缰利锁是桎梏，无思无感也是桎梏。脱桎梏，把自己解放出来。度是度脱，从此岸到彼岸是度。诸葛亮不出山，刘备就嚎啕大哭："天下苍生奈何？"哭得诸葛亮说："算了，为了苍生，我鞠躬尽瘁吧。"

孟子天天攻击各种异端邪说，就是为了度苍生。王阳明说："我非常尊敬朱熹。"朱熹是个了不起的人。但是社会上流行的极端朱熹主义，耽误了许多孩子。要是不把这个迷雾拨开，就是不可怜那些好孩子了，救救孩子吧。

乐为体 智为用 良知能 人本具

离苦得乐是人性的必然选择：乐为体。常快乐是真功夫；快乐学习。孔颜乐处是"乐"的典范，孔子和颜回在陋巷箪食瓢饮，但是他们自己的精神和道在一起，所以他们能够获得那种深层的、像音乐那样美妙的快乐。

智为用就是你要帮助别人的时候，出来做事情的时候，要有智慧，以智为用。这个良知良能是人本来具有的。我们至少都能当雷锋吧。雷锋是个战士，他那种平凡中的伟大，这个良知良能人人本具。

敢承当 成君子 用良心 补空心

雷锋他敢承当，他就把这个有限的生命投入到无限的为人民服务的洪流当中去，所以他就成了君子。我不敢承担，我就还是凡夫。还有人昧良心，他就成鬼魅了。

今天的任务是什么？用良心去补那个无思无感的空心。现在这个空心症到处泛滥。用良心补空心，是我们每个人的良心，是我们的使命。

去蒙昧 唤理性 化善良 为能量

心学是去蒙昧的，不要把阳明学弄成媚俗的成功学，梦想一

学了心学就做买卖赚钱，阳明说第一是立志，那我立志年底挣它五百万！这本身就是一种蒙，一种昧。要唤醒理性，化善良为能量，心学要用一句话说清楚，就是善良出能力来。

善是正念，它产生正能量。善良出来的能力不造业、结善缘，自然可持续发展。这不等于一善良就有了能力，善良不出能力是多数人的常态。往俗里说，一般人有本事，有脾气，没本事，没脾气。善良出来的能力是有本事没脾气，就像那个家庭妇女要求丈夫似的，脾气还好，本事还大。

一灯明　除千暗　良知明　万古新

一灯点亮，千年暗室复见光明。阳明说过良知是天渊，它是产生一切的生命之源。只要良知朗现，我们每个人就能日新日日新。

不动心　定盘星　恻然觉　揭然存

恻然觉，揭然存。这个恻然觉，就是那个良知发现，就是那个常惺惺。揭然存呢，就是要坚定。受到打击，要屹立不动。大家耳熟能详的淡泊明志、宁静致远则是定住你的定盘星，保住你的"不动心"。这样你就能超越个人得失，站在一个更高的精神的世界里面。

开圆觉 悟自性 成妙觉 得究竟

圆觉，借《圆觉经》术语来形容心学功夫境界：干什么都一流！譬如王阳明打仗、写文章、写书法都一流，办教育超一流。悟自性，找到了自性能生万法的通道，所以他才干什么都意态闲闲地成了功。所谓龙场悟道就是悟自性得大明白。妙觉是头脑、才能、心肠都好。

所谓"究竟"是自己就能成全自己。成全是说获得了自由和解放。精神自由包含独立意志、思想独立。中国人最缺的独立，传统文明古国的特点之一是死的拽住活的。我常常想，咱们这么学心学是否也被王阳明拽住了呢？王阳明的思想有些过时了，但是王阳明的精神，心学所坚守的这种精神没有过时，而且我觉得五百年之内也不会过时，为什么？因为这个精神是解放人的，是成全人的。这个解放和成全的原理是什么？就是你是你的原因，就是你的结果和你的原因是你自己定的，因果的链条是你自己定的。就是自己的原因是自己的结果，这个自己选择，就是把自由和责任都凝聚到一念之间，须恻然觉，揭然存。

赞

正文结束了，再加两句感慨总结，和开篇的序呼应一下。

心为王 觉自觉 心之力 赞化育

"心为王"，心是主宰。"心之官则思"，孟子说心是大器官，跟着心走，你就是大人；跟着眼睛、耳朵等小器官走，你就是小人。这个小人不是君子的反义词，而是说它们会把你带到小处去。跟着心走，核心点是你自己就能唤醒自己的觉知性，天天给自己加油，这叫"觉自觉"，是哲学话语。

每天都把自己的觉知性提到新高度，这就是"心之力"，古今中外哲学家们高度赞美的"精神"就是指"心之力"。"赞化育"，赞是参加的意思，参加到天地化育万物的运作中，这是《中庸》里赞美圣人中庸之德的话。王阳明喜爱《中庸》，但讲《大学》多，因为他"顺人情"。他办书院，宁肯不当大学士也要讲学，终于完成了中国思想史上的第四次突破，改变了晚明文化生态。他和他的学生参赞了化育，他的心学以思想的力量在持续地参赞着化育。

初心者 良心也 致良知 吾使命

初心是"最初一念之本心"的略称，最初的发心。记忆是保持情操的严师，回到最初的发心动念，都是让我们的良心在"发现"状态中好好保持的意思。简单地说，保持初心就是保持良心。"致良知"是每个人的权利和义务，要在群体中致良知，就主要看青年人啦。

书院人 传心灯 良知致 至大同

书院的一个使命就是要传承心灯。中国文化的命脉在书院，书院的根本精神是"独立之意志，自由之思想"。从稷下学宫到王阳明办的书院，都是保留精神火种的地方。精神火种能一代一代地点燃心灯，薪尽火传神不灭，我们和子孙后代就不怕黑暗了。

如果大家都来致良知，这个社会就能达到大同世界。我用"如果"这个词，就显得很悲凉。因为，这样的书院张居正大毁过，他主要针对心学。清朝时把天下书院变成了高考辅导班，让学子们感恩戴德地放弃"独立之意志，自由之思想"。直到晚清大一统的魔咒失灵了，才有了岳麓书院那样的思想摇篮，才出了蔡锷那样的人才，才有了讨袁革命。

最后用两句《日知录》的话收束全文："独行之辈，依仁蹈义，舍命不渝，风雨如晦，鸡鸣不已。"

213

（李书会）

传习录说什么

作者 _ 周月亮

产品经理 _ 张睿汐   装帧设计 _ 目时设计   产品总监 _ 王光裕

技术编辑 _ 顾逸飞   责任印制 _ 刘淼   出品人 _ 贺彦军

物料设计 _ 小雨

鸣谢

刁俊娅

图书在版编目（CIP）数据

传习录说什么 / 周月亮著 . — 西安：三秦出版社，
2023.10（2024.3 重印）

ISBN 978-7-5518-3006-5

Ⅰ . ①传… Ⅱ . ①周… Ⅲ . ①《传习录》- 研究
Ⅳ . ① B248.25

中国国家版本馆 CIP 数据核字（2023）第 173699 号

传习录说什么

周月亮　著

责任编辑　何飞燕

出版发行　三秦出版社
社　　址　西安市雁塔区曲江新区登高路 1388 号
电　　话　（029）81205236
邮政编码　710061
印　　刷　天津丰富彩艺印刷有限公司
开　　本　880mm×1230mm　1/32
印　　张　7
字　　数　156 千字
版　　次　2023 年 10 月第 1 版
印　　次　2024 年 3 月第 3 次印刷
印　　数　17 001—22 000
标准书号　ISBN 978-7-5518-3006-5
定　　价　58.00 元

网　　址　http://www.sqcbs.cn